OS SEGREDOS EMPRESARIAIS DOS MONGES TRAPISTAS

August Turak

OS SEGREDOS EMPRESARIAIS DOS MONGES TRAPISTAS

Um CEO Encontra um Modo Surpreendente de Liderança e Sucesso nos Negócios

Tradução
CLAUDIA GERPE DUARTE
EDUARDO GERPE DUARTE

Editora Cultrix
SÃO PAULO

Título original: *Business Secrets of the Trappist Monks.*

Copyright © 2013 August Turak.

Esta edição foi traduzida a partir da edição americana com autorização da editora original Columbia University Press.

Copyright da edição brasileira © 2015 Editora Pensamento-Cultrix Ltda.

Texto de acordo com as novas regras ortográficas da língua portuguesa.

1ª edição 2015.

Todos os direitos reservados. Nenhuma parte desta obra pode ser reproduzida ou usada de qualquer forma ou por qualquer meio, eletrônico ou mecânico, inclusive fotocópias, gravações ou sistema de armazenamento em banco de dados, sem permissão por escrito, exceto nos casos de trechos curtos citados em resenhas críticas ou artigos de revistas.

A Editora Cultrix não se responsabiliza por eventuais mudanças ocorridas nos endereços convencionais ou eletrônicos citados neste livro.

Editor: Adilson Silva Ramachandra
Editora de texto: Denise de Carvalho Rocha
Gerente editorial: Roseli de S. Ferraz
Preparação de originais: Alessandra Miranda de Sá
Produção editorial: Indiara Faria Kayo
Assistente de produção editorial: Brenda Narciso
Editoração eletrônica: Fama Editora
Revisão: Luciane Helena Gomide e Vivian Miwa Matsushita

Dados Internacionais de Catalogação na Publicação (CIP)
(Câmara Brasileira do Livro, SP, Brasil)

Turak, August
    Os segredos empresariais dos monges trapistas : um Ceo encontra um modo surpreendente de liderança e sucesso nos negócios / August Turak ; tradução Claudia Gerpe Duarte, Eduardo Gerpe Duarte. — São Paulo : Cultrix, 2015.

    Título original: Business secrets of the trappist monks.
    ISBN 978-85-316-1340-1
    1. Administração — Aspectos morais e éticos 2. Liderança — Aspectos morais e éticos 3. Ética empresarial 4. Ética nos negócios 5. Sucesso em negócios I. Título.

15-07064   CDD-174.4

Índices para catálogo sistemático:
1. Ética empresarial 174.4

Direitos de tradução para o Brasil adquiridos com exclusividade pela
EDITORA PENSAMENTO-CULTRIX LTDA., que se reserva a
propriedade literária desta tradução.
Rua Dr. Mário Vicente, 368 — 04270-000 — São Paulo, SP
Fone: (11) 2066-9000 — Fax: (11) 2066-9008
http://www.editoracultrix.com.br
E-mail: atendimento@editoracultrix.com.br
Foi feito o depósito legal.

Dedico este livro a
dom Francis Kline
e
a todos os meus irmãos
da
Abadia Our Lady of Mepkin

Sumário

Prefácio 9

1 O milagre econômico da Abadia de Mepkin 19

2 O que realmente queremos 34

3 O fim do egoísmo 52

4 Os *goat rodeos* e a organização transformacional 65

5 Missão 78

6 O altruísmo e a comunidade 99

7 Excelência em favor da excelência 113

8 Padrões éticos, ou por que coisas boas acontecem a pessoas boas 138

9 Fé 149

10 O poder da confiança 161

11 Autoconhecimento e autenticidade 175

12 Vivendo a vida 191

Prefácio

Há 1.500 anos, mosteiros do mundo inteiro vêm convidando homens e mulheres para uma vida de oração e trabalho de acordo com a Regra de São Bento. O lema monástico *ora et labora* ("reza e trabalha") nos diz que esses pilares gêmeos da vida monástica são igualmente importantes — tanto que, na verdade, para um monge trapista, o trabalho é uma forma de oração, e a oração é uma forma de trabalho. Mas, embora muitos autores, como Thomas Merton, nos tenham levado além dos muros do mosteiro para investigar a prece monástica, muito pouco tem sido escrito a respeito do "trabalho", que consiste na metade dessa equação. Da mesma maneira, embora muito tenha sido escrito a respeito da tremenda dívida intelectual que a civilização ocidental tem para com o monasticismo por ele ter preservado a filosofia e o teatro gregos durante a Idade Média, pouquíssimas pessoas examinaram as metodologias de negócios extremamente bem-sucedidas que os monges preservaram — e que prosperaram — durante séculos.

Este livro é um passo na tentativa de reparar esse desequilíbrio, ao trazer à luz esses segredos monásticos de negócios, compartilhando-os com um universo mais amplo de pessoas. Não se trata de um tratado acadêmico desinteressado sobre práticas de negócios monásticas; mais especificamente, é um relato bastante pessoal e prático das lições de negócios que aprendi ao longo dos dezessete anos em que vivi e trabalhei com os monges na Abadia de Mepkin, em Moncks Corner, na Carolina do Sul (Estados Unidos), como hóspede monástico assíduo. Além disso, ao incorporar estudos de casos extraídos da minha carreira e do exemplo de outras empresas e organizações bem-sucedidas, espero lhe mostrar como aplicar estas lições monásticas a um mercado secular, a fim de que você dirija um negócio mais lucrativo e alcance mais êxito na sua carreira. Talvez o mais importante seja que eu acredito que, se você levar a sério estas lições, também terá uma vida pessoal mais significativa e satisfatória. Sinto-me relativamente seguro ao fazer essas afirmações porque sei que esses segredos trapistas não funcionam apenas para os monges; eles também funcionaram para mim.

A maior parte de minha pesquisa monástica foi realizada pessoalmente, enquanto eu trabalhava duro ao lado dos monges, mas não estou sozinho em minha fascinação pelo sucesso nos negócios dos trapistas. Um artigo do jornal *USA Today* a respeito dos monges belgas da Abadia de St. Sixtus, que fabricam cerveja, oferece, em três frases, um resumo do sucesso nos negócios dos trapistas: "Piedade,* não o lucro, é o que esses monges buscam. Os monges de St. Sixtus infringem todas as regras de um curso básico de negócios, exceto no que diz respeito à atenção à qualidade. E nisso pode residir o segredo do sucesso deles".

À primeira vista, essa análise pode parecer tragicamente incompleta. É claro que entregar um produto de qualidade é crucial para o sucesso de um negócio, mas o que dizer de fixação do preço, posicionamento, contabilidade, recursos humanos, administração de caixa, distribuição, marketing, *procurement*, concorrência, pesquisa e desenvolvimento (P&D), SAC, regulamentações do governo, proteção de patente e acesso ao capital? Todas essas coisas (e muitas outras) também são necessárias — não apenas para produzir um produto de qualidade como também para garantir que esse produto consiga encontrar sistematicamente um mercado. No entanto, um exame mais atento da expressão "atenção à qualidade" nos ajudará a superar essas apreensões. Qualidade não se aplica apenas aos méritos relativos àquilo que é comumente chamado de "produtos". A atenção à qualidade também implica uma abor-

---

* A palavra *piedade* foi usada no sentido da definição que se segue (extraída do *Dicionário de Filosofia*, de Sérgio Biagi Gregório): "Piedade. Do latim *'pietas', de 'pius'*. [...] 1ª) devoção e respeito por pessoas ou coisas dignas de veneração; [...]". (N. dos T.)

dagem qualitativa, e não quantitativa, dos negócios, e é somente através dessa lente muito maior que podemos começar a ver como os monges infringem regularmente as regras do curso básico de negócios, e o fazem com tanto êxito.

Durante mais de cem anos, as tendências dominantes nos negócios têm sido quantitativas e analíticas. Em 1911, Frederick Taylor publicou seu livro seminal *Principles of Scientific Management* [*Princípios de Administração Científica*], e, a partir de então, economistas, consultores, especialistas e legiões de professores vêm tentando arrancar o assunto "negócios" das garras da arte, na esperança de transformá-lo em ciência. Lamentavelmente, os significativos dividendos que essa abordagem quantitativa produziu não raro se efetivaram à custa de aspectos mais qualitativos na área dos negócios — por exemplo, a missão, o propósito, valores, princípios, a integridade, a ética, serviço social e pessoas, os quais, argumentariam os monges, são ainda mais fundamentais para o sucesso. São esses aspectos qualitativos dos negócios que os monges dominaram, e o autor do artigo do *USA Today* apropriadamente resume todo esse *know-how* monástico em uma única palavra: *piedade*.

Piedade vem da palavra latina que significa "dever", e, de acordo com o *Dicionário Webster*, esse termo, em seu sentido mais amplo, abrange nosso dever para com os pais, o país e o nosso semelhante, bem como para com qualquer empreendimento nobre que transcenda nossas motivações puramente egoístas. Para os monges trapistas, buscar a "piedade, não o lucro" significa prestar uma dedicada atenção ao dever sagrado que eles têm não apenas para com Deus, mas também para com clientes, empregados leigos, fornecedores, a comunidade local, uns com os outros, o ambiente e a humanidade em geral. O principal segredo do sucesso desses monges é a maneira zelosa, ou "devotada", com que se ocupam desses aspectos qualitativos. E o tema paradoxal que percorre todo este livro é que os monges não são bem-sucedidos *apesar* de buscarem a piedade, não os lucros, e sim *porque* fazem isso.

Nada neste livro denigre a abordagem quantitativa dos negócios ou a trata como algo supérfluo. Na condição de executivo e empresário, passei horas a fio examinando minuciosamente planilhas, fluxogramas, pesquisas e "números" em geral, e conheço alguns monges que são insuperáveis nesse aspecto.

No entanto, enquanto um dos propósitos deste livro é reparar o desequilíbrio entre a oração e o trabalho na avaliação que o mundo faz do monasticismo, outro propósito é reparar o flagrante desequilíbrio entre as abordagens quantitativa e qualitativa da área de negócios.

Uso a expressão *serviço e altruísmo* para descrever o modelo de negócios monástico ao longo de todo o livro, e o segredo para aplicar com sucesso esse modelo trapista aos desafios comuns da área de negócios é a autenticidade. *Autenticidade* é a aquisição mais recente do jargão corporativo: ouvimos falar em negócios autênticos, liderança autêntica, produtos autênticos e marcas autênticas. No entanto, embora frequentemente elencada como a "próxima sensação" dos negócios, a autenticidade não é novidade para os monges: os trapistas vêm criando negócios, líderes, marcas e produtos autênticos há mais de mil anos. A autenticidade aparece em três áreas distintas do estilo de vida e dos negócios trapistas, e ao longo deste livro mencionaremos repetidas vezes essas áreas cruciais. A primeira é a missão; a segunda é a transformação pessoal; e a terceira é a comunidade.

Missão

UMA ABORDAGEM QUALITATIVA dos negócios envolve articular uma missão elevada e abrangente que mereça ser religiosamente cumprida. Para ser autêntica, a missão precisa motivar de forma genuína a tomada de decisão, que, por sua vez, determinará até mesmo as mais ínfimas atividades do empreendimento. Os monges trapistas não *têm* uma missão — algo a ser guardado em segurança em uma gaveta até que a reunião anual aconteça e alguém inocentemente pergunte por ela. Em vez disso, os monges *vivenciam* sua missão todos os dias. É essa distinção fundamental que em geral está ausente das nossas organizações — bem como de nossa vida pessoal.

Transformação pessoal

AUTENTICIDADE NÃO É uma técnica que possa ser dominada e depois manipulada em favor de nossas finalidades. Não é algo que possamos ligar e desligar a qualquer momento, conforme requeira a situação. Negócios, líderes, marcas e produtos autênticos só podem ser criados por pessoas autênticas, e é exatamente por isso que os monges são tão competentes no que diz respeito a ela. No artigo do *USA Today*, o irmão Joris, supervisor da fabricação de cerveja, comenta: "Você não se torna um santo apenas porque ingressou em um mosteiro". *Santidade* é apenas um termo religioso para autenticidade, e o estilo de vida monástico foi desenvolvido para transformar pessoas comuns em indivíduos autênticos. Um dos segredos do sucesso dos monges é que eles valorizam a autenticidade pessoal acima de todas as coisas. As marcas, os produtos e os líderes autênticos que os trapistas produzem são apenas subprodutos desse contínuo movimento rumo à autenticidade. Se desejarmos os benefícios nos negócios que somente a autenticidade pode ofertar, precisamos primeiro nos tornar indivíduos autênticos. A maneira de fazer isso acontecer no mundo secular, de maneira secular, representa uma grande parte do que este livro tem a oferecer.

Comunidade

O SUCESSO DOS TRAPISTAS NA ÁREA DE NEGÓCIOS reside na fluidez cooperativa que somente uma comunidade autêntica pode oferecer. A missão trapista e o ímpeto individual rumo à autenticidade resultariam em muito pouco não fosse o inabalável compromisso dos monges com a comunidade. É o reforço mútuo constante e a pressão benéfica da comunidade que mantêm em evidência a missão monástica, e são responsáveis pela maior parte do intenso e árduo trabalho envolvido na transformação pessoal.

Contudo o compromisso comunitário que impele o estilo de vida trapista não é limitado pelos muros que circundam o mosteiro. O enlace comunitário dos trapistas abrange clientes, participantes de retiros, reguladores do governo, seus vizinhos na comunidade local e — por meio de incessantes orações — todos nós. Todas essas pessoas são autenticamente tratadas como "irmãos e irmãs", e esse é um componente crucial do sucesso nos negócios dos monges trapistas.

A missão, a transformação pessoal e a comunidade estão entrelaçadas no comprometimento dos trapistas; esses três elementos se realimentam mutuamente em um ciclo virtuoso que produz o que com frequência descrevemos nos negócios como "cultura". Uma vez mais: é a distinção fundamental entre uma cultura autêntica e não autêntica que faz toda a diferença quando se trata de sucesso. Criar e manter uma cultura de negócios autêntica é um processo repleto de dificuldades, e como fazer isso talvez seja a coisa mais importante que você aprenderá com os monges que vai conhecer neste livro.

O filósofo grego Arquimedes tem uma citação célebre: "Dê-me uma alavanca suficientemente longa e um ponto de apoio, e moverei o mundo". O mesmo pode ser dito a respeito da "alavancagem" profissional, pessoal e da área de negócios que os trapistas têm a oferecer a todos nós, se levarmos a sério os segredos deles.

⌑

O PROBLEMA COM A VIDA é que ela precisa ser vivenciada em progresso, mas só é compreendida em retrospecto. Quando adentrei pela primeira vez os portões da Abadia de Mepkin, em 1996, a última coisa que passava pela minha cabeça era escrever um livro sobre a sagacidade trapista nos negócios. Eu era o CEO de uma empresa de software recém-criada, passava pela mais grave crise pessoal da minha vida, e me voltava para os monges em busca da ajuda psicológica e espiritual de que tão urgentemente precisava e que eles me concederam com tanta benevolência. Devo muito mais do que apenas este livro aos monges da Abadia de Mepkin.

Foi apenas oito anos depois, e por acaso, que comecei a escrever a respeito dos monges de Mepkin. Em 1987, fundei uma organização chamada Self Knowledge Symposium (SKS) [Simpósio do Autoconhecimento] para ajudar alunos das universidades locais a responder à perene pergunta: Qual é a vida que vale a pena ser vivida? Em 2004, um ex-aluno entrou em contato comigo e sugeriu que eu escrevesse um artigo para o concurso Power of Purpose [O Poder do Propósito], da John Templeton Foundation, mas, quando cliquei no *link* no e-mail dele, fiquei consternado. Em 3.500 palavras ou menos, tinha que responder à pergunta: Qual é o propósito da vida? Jamais escrevera nada antes para fins de publicação, e o concurso estava aberto para escritores profissionais e artigos que já tivessem sido publicados. Pior ainda: o prazo final para a apresentação do material, cuja avaliação se daria no período de um ano, era dali a uma semana.

Assim mesmo, resolvi tentar, mas, depois de passar vários dias coçando a cabeça, meus esforços resultaram apenas em um monte de papel amassado e tentativas frustradas. Desabafava minha frustração ao telefone com outro ex-aluno, quando ele sugeriu: "Poxa, Augie, por que não escreve sobre aquela história do irmão John e a Abadia de Mepkin que você tanto gosta de contar?".

Depois de passar alguns dias escrevendo freneticamente, inscrevi meu artigo poucas horas antes do prazo final e depois me esqueci dele, até o momento em que recebi um telefonema seis meses depois: o meu artigo, "Brother John" [Irmão John], havia ganhado o grande prêmio, além de 100 mil dólares. Meu choque foi tão grande, que quem me telefonou levou cinco minutos para me convencer de que eu realmente ganhara o concurso.

Vários anos depois e quase por impulso, decidi escrever o que acabou se tornando um texto de marketing sobre as lições de negócios aprendidas com os monges ao longo dos anos. Embora o documento não se destinasse a ser publicado, ele chegou às mãos de Fred Allen, editor proeminente da Forbes.com, e ele pediu permissão para publicá-lo como um artigo em quatro partes. O artigo, "Business Secrets of the Trappists" [Os Segredos Empresariais dos Monges Trapistas], alcançou muito êxito, e foi Fred Allen quem recomendou com insistência que eu escrevesse um livro com base no artigo. Esse foi outro acaso feliz — um encontro casual entre um amigo e meu maravilhoso editor, Myles Thompson —, que me conduziu à Columbia University Press e a todas as incríveis pessoas que trabalham lá, responsáveis por tornarem este livro uma realidade.

Foi uma longa série de eventos, em grande medida felizes e inesperados, que me transformou em um escritor, e aqui reside outro importante segredo que os monges têm para ensinar. No estilo dos monges de St. Sixtus, infringi todas as regras do curso básico de como se tornar um escritor, e ao longo de todo este livro defendo que o autêntico sucesso — seja ele pessoal, profissional ou organizacional —, em geral, é apenas o subproduto, o indicador de acompanhamento, de se dedicar a uma missão que é maior que você. A lição trapista neste caso é que você não pode "manipular o sistema" que os monges têm a oferecer. Se o seu objetivo ao ler este livro é encontrar um atalho para o sucesso que se baseie na imitação dos monges e da estratégia de negócios deles, você encontrará aqui pouca coisa de valor. Sobretudo, o segredo para reproduzir o sucesso dos monges trapistas reside na sinceridade — ou pelo menos no desejo sincero de se tornar uma pessoa mais sincera em todos os aspectos da vida.

Eu me esforcei muito ao longo deste livro para aplicar os princípios trapistas de maneira não dogmática, não sectária e não religiosa. Acredito sinceramente que esses segredos trapistas funcionarão para você, quer seja ou não um adepto — desde que seu coração esteja "no lugar certo". No entanto, não estaria sendo completamente franco se não revelasse que acredito que o modelo de negócios trapista encerra algo que transcende qualquer "fórmula", por mais bem enunciada que ela seja. Golfistas gostam de dizer que o segredo de uma excelente rodada de golfe é "apenas deixar que o buraco fique no caminho da bola", o que não passa de uma versão do mundo do golfe para a recomendação religiosa de "entregue os pontos e deixe que Deus aja". Os monges trapistas não só fazem o sucesso acontecer; eles também *deixam* o sucesso acontecer, e este talvez seja o segredo mais profundo que tenham a compartilhar. Você pode chamar isso de graça, no sentido religioso, se tiver essa inclinação, ou de sorte, se não a tiver, mas existe alguma coisa quase mágica a respeito do caminho trapista que parece atrair o sucesso, quer você seja um monge, quer não. Ao rememorar todos os acasos felizes que conduziram a este livro e a uma parte tão grande do meu próprio sucesso nos negócios, consigo ver com clareza essa graça (ou sorte) trapista em ação. Em decorrência disso, devo confessar que me tornei um "verdadeiro adepto", e que talvez meu objetivo mais importante ao escrever esta obra tenha sido a esperança de que você possa aprender a atrair essa mágica trapista para sua vida e seus empreendimentos comerciais.

OS SEGREDOS DE NEGÓCIOS
DOS MONGES TRAPISTAS

1

O MILAGRE ECONÔMICO DA ABADIA DE MEPKIN

Situados nos arredores de Charleston, na Carolina do Sul, Estados Unidos, os 1.268 hectares cobertos de carvalhos que compõem a Abadia de Our Lady of Mepkin se estendem suavemente em direção ao Oceano Atlântico. Cedo, todas as manhãs, logo depois do quarto serviço monástico diário, chamado Terça, eu pegava emprestada uma das bicicletas do mosteiro e, cercado por quatro ou cinco monges trapistas e seus hábitos açoitados pelo vento, pedalava até a "fábrica de ovos" ou casa de classificação. Com o sol nascente brilhando no rio Cooper, meu percurso de bicicleta permeado de jardins perfumados, carvalhos juncados de musgo e do frio ar marinho praticamente acabava de eliminar os últimos vestígios de entorpecimento que ainda restassem em mim por ter acordado para participar da vigília às três horas da manhã. Na casa de classificação, juntava-me ao padre Malachy no final da fila, bem a tempo de ver o irmão Nick ligar o interruptor que dava partida na ruidosa esteira transportadora. Logo os ovos recém-colhidos de 40 mil das mimadas aves do irmão Joseph serpenteavam pelo cavernoso prédio de concreto. Em estações ao longo do trajeto da lenta esteira transportadora, os ovos eram limpos, examinados para verificação de imperfeições, classificados de pequenos a gigantes, colocados em embalagens de papelão, embalados em grandes engradados, também de papelão, e seguiam em direção às prateleiras das mercearias e supermercados locais. Gostava de imaginar que eram salpicados pelo caminho com uma "bênção" em cada caixa, mas, quando sugeri ao gerente de negócios de Mepkin, o padre Stan, que poderíamos estampar esse lema em cada embalagem, ele apenas sorriu e revirou suavemente os olhos.

E, enquanto eu trabalhava, não raro me pegava distraidamente me perguntando como será que o padre Malachy conseguia, por meios sobrenaturais, chegar antes de mim ao trabalho todos os dias.

Padre Malachy era um monge barbado, frágil e levemente encurvado que já ia bem adiantado na casa dos 80 anos. Seus olhos azuis eram suaves, e as grossas veias azuis que lhe cobriam as mãos delicadas eram perfeitamente adequadas a mãos que haviam passado parte da vida entrelaçadas em oração. Minha função era colocar as embalagens de ovos em caixas à medida que eram lançadas para fora da fila, e dia após dia o padre Malachy abria, moldava e empilhava os grandes engradados de papelão que eu ativamente enchia e empurrava para dentro do refrigerador. Apesar do empenho, da paciência e das mãos desgastadas pelas orações, quando ficamos amigos, vi apenas um homem simples, um monge simples, envolvido em uma tarefa simples.

Certo dia mencionei, brincando, que ele sempre se servia de duas porções de sorvete quando a sobremesa era oferecida no refeitório.

— Costumava me servir de três — sussurrou ele em tom conspiratório. — Mas o abade me chamou para um canto e perguntou: "Padre Malachy, você acha que um homem da sua idade deveria tomar tanto sorvete?". Agora me contento com duas porções.

Depois, em outra ocasião, Malachy mencionou que vários anos atrás alguém tinha doado à abadia uma grande caixa de tratados teológicos escritos em francês. O abade chamou Malachy à sua sala e lhe pediu que redigisse em inglês resumos daqueles livros para a biblioteca.

— Bem — comentou o padre Malachy com suavidade —, Francis achava que eu falava francês, o que não era verdade. Mas ele é tão ocupado, que decidi não mencionar o fato. Fiquei acordado até mais tarde durante alguns meses, aprendi francês sozinho, li os livros e redigi os resumos.

Em seguida, ele humildemente voltou a cuidar das suas caixas, deixando-me boquiaberto de inveja e assombro abjeto.

Pouco a pouco, descobri muitas coisas não tão simples a respeito desse homem simples. Fiquei sabendo que, quando Our Lady of Mepkin se viu com falta de padres, Malachy absorveu sozinho todas as exigências intelectuais do sacerdócio, e rapidamente, sem, em nenhum momento, sair do mosteiro; soube também que o padre Malachy era um dos confessores favoritos dos outros monges por causa de suas astutas constatações sobre o coração humano. E, quando nem o abade nem o incrível precentor e tenor irlandês, o padre Aeired, estavam presentes em algum dos oito serviços diários do mosteiro, era o autodidata musical, o padre Malachy, quem conduzia a comunidade, com seu diapasão, nos hinos e na entoação dos salmos. À medida que um número cada vez maior dessas revelações transparecia ao longo dos anos, minha admiração e afeto por esse homem humilde aumentavam em ritmo acelerado.

Certo dia, um telefonema transmitiu a notícia de que o padre Malachy havia falecido. Fui às pressas ao mosteiro, mal chegando a tempo para o enterro. Durante a eulógia, o abade Francis nos disse que, apenas dez dias antes, o padre Malachy, queixando-se de dor, fora levado ao hospital para se submeter a exames. Seu corpo estava tomado pelo câncer, e coube a Francis transmitir a notícia de que não havia nenhuma esperança e que lhe restava pouquíssimo tempo de vida. Mas, quando Francis contou ao padre Malachy que ele estava prestes a morrer, este último nem piscou. Apenas inclinou-se sobre a cama de hospital, afagou o braço de Francis e, com um suave sorriso, declarou:

— Oh, está tudo bem.

Incapaz de dar seguimento à eulógia, Francis se manteve no altar, alquebrado.

Quando a missa terminou, o padre Stan sussurrou para mim que os irmãos queriam que eu carregasse o crucifixo no cortejo do padre Malachy até o cemitério. O caixão permaneceu aberto e, quando chegamos, um lenço branco foi atado ao hábito do padre Malachy para lhe cobrir o rosto. Em seguida, seu corpo foi erguido pelas correias do caixão e lentamente baixado ao túmulo, sem o caixão. Foram feitas orações, e, de um em um, todos nós salpicamos um punhado de solo monástico na sepultura.

À medida que a comunidade monástica foi se dispersando, dei comigo caminhando ao lado do irmão Robert. Quando chegou a hora de nos despedirmos, disse-lhe quanto amava o padre Malachy e admirava o modo heroico como ele encarara a própria morte — confortando alguém em vez de buscar conforto para si mesmo. O irmão Robert apenas sorriu, deu-me um abraço e se voltou para ir embora. Mas, depois de dar alguns passos, virou para trás a cabeça encapuzada.

— Sabe como é... — disse-me ele. — Todo mundo quer morrer como um trapista, mas ninguém quer viver como um.

⊠

A ABADIA DE MEPKIN, que um dia foi propriedade de Henry e Clare Boothe Luce, é hoje um santuário onde cerca de 25 monges trapistas vivem em uma existência de oração contemplativa, de acordo com a árdua Regra de São Bento. Na primeira vez que atravessei de carro seus portões, em 1996, a beleza, a tranquilidade e o silêncio pungente instantaneamente me envolveram como uma névoa mágica. Era como se o vigia invisível do portão de Mepkin tivesse insistido em tirar o peso do mundo dos meus ombros em lugar de cobrar um pedágio.

Tenho voltado a Mepkin desde então, passando às vezes vários meses por lá a cada visita. Na qualidade de hóspede monástico, visto um hábito cinza e vivo temporariamente a existência de um monge trapista. Mas, embora vá até lá principalmente por razões espirituais, na condição de homem de negócios e empresário, sou fascinado por um aspecto mundano da vida monástica. Mepkin e outros mosteiros pelo mundo afora dirigem negócios altamente bem-sucedidos, e ao longo dos anos me peguei voltando com insistência a algumas perguntas básicas a respeito deles.

Como duas dúzias de monges idosos em Mepkin, trabalhando apenas em regime de tempo parcial e em grande medida em silêncio, conseguem alcançar um êxito tão incrível nos negócios? Como a Abadia de Mepkin inspira pessoas comuns, como o padre Malachy, a obter resultados tão extraordinários? Por que os negócios monásticos vicejaram por mais de 1.500 anos, quando o sucesso corporativo moderno é tão efêmero? De que maneira os mosteiros produzem produtos "iguais aos de todo mundo", como bolos de frutas, cerveja, ovos, cogumelos e queijo, com o tipo de poder de precificação em geral associado às marcas dominantes? Por que a demanda desses produtos prosaicos sistematicamente supera a oferta? Como os monges competem com tanto sucesso no mercado aberto ao mesmo tempo que mantêm apenas os mais elevados padrões de ética e compromisso com a qualidade? E, o que é mais importante: como podemos aplicar essas técnicas trapistas às corporações seculares, empresas sem fins lucrativos, à nossa família e até mesmo à vida pessoal com resultados igualmente estupendos?

A breve resposta é que os monges descobriram um segredo impressionante: é do mais alto interesse pessoal esquecer nosso interesse pessoal. Paradoxalmente, a razão do sucesso do Mosteiro de Mepkin é que os monges não estão de fato administrando um negócio. Em vez disso, estão completamente comprometidos com uma missão elevada e abrangente, e com uma filosofia de gestão que este livro chamará de *serviço e altruísmo*. O sucesso nos negócios para os monges é apenas o subproduto de uma vida bem vivida.

A Regra de São Bento recomenda com insistência que os mosteiros sejam comunidades autossuficientes e autônomas, e os trapistas cumprem essa determinação basicamente por meio do trabalho manual. Na realidade, a Regra de São Bento convida os monges ao trabalho manual como aspecto essencial da experiência monástica. *Orare est laborare* — "rezar é trabalhar" — é um princípio que os novos monges aprendem com rapidez na Abadia de Mepkin. Tendo sido um dia o lar de 40 mil galinhas poedeiras, Mepkin recentemente fez a transição para o cultivo de cogumelos. Os monges também vendem fertilizantes orgânicos, dirigem uma loja de suvenires e administram uma enorme área de madeira renovável.

A terra, uma plantação de arroz anterior à Guerra Civil Americana que um dia foi propriedade de Henry Laurens, o quinto presidente do Congresso Continental, foi um presente da família Luce nos idos de 1940. O presente veio com um magnífico jardim ao longo do rio Cooper, que é meticulosamente conservado pelos monges. Henry e Clare Boothe Luce estão enterrados lá. A abadia tem uma bela igreja, uma maravilhosa biblioteca, um centro de conferências, uma sede de hóspedes e mais de doze casas de retiro imaculadas.

Os irmãos entretêm um fluxo constante de participantes dos retiros, hóspedes e visitantes, enquanto cozinham para si mesmos e cuidam de seus idosos e enfermos em uma enfermaria impecável, de última geração. O voto trapista de estabilidade, que, como disse o padre Francis, torna os monges "amantes do lugar", expressa-se em um interesse apaixonado pelo ambiente. Em decorrência disso, os monges estão restaurando, em detalhes, a terra e um cemitério para os escravos da plantação, há muito abandonado, ao seu estado original.

Por mais impressionante que tudo isso pareça, o mais incrível é que todas essas realizações representam uma atividade em tempo parcial de cerca de duas dúzias de homens idosos que moram e trabalham juntos, quase sempre em silêncio. Os monges se levantam às três horas da manhã e participam de oito serviços comunais por dia. Eles passam horas em prece solitária, em contemplação e lendo textos sagrados. Como a missão deles inclui o compromisso com uma vida de oração contemplativa, comumente os monges trabalham apenas quatro horas por dia.

No entanto, se ficarmos impressionados com os monges porque conseguem realizar tanto *apesar* da dedicação voltada exclusivamente para sua missão, estaremos cometendo um erro comum, porém crucial. É *por causa* do foco na missão e no altruísmo que eles administram um empreendimento multimilionário com um grau de eficiência sem atrito, que levaria a maioria dos executivos, fixados nos lucros, ao desespero mesclado à inveja. E este livro mostrará que, se estivermos dispostos a aprender com os monges, poderemos fazer o mesmo.

Segundo o *Wall Street Journal*, os monges da Abadia de St. Sixtus, na Bélgica, fabricam uma cerveja que está "entre as mais apreciadas do mundo". Sem o benefício da propaganda ou mesmo de rótulos nas garrafas, os monges vendem 60 mil caixas (cada uma com 24 garrafas) por ano. Carros repletos de apreciadores de cerveja fazem fila, ao longo de quilômetros, do lado de fora dos portões, na esperança de levar para casa seu limite de duas caixas de um suprimento bastante limitado. No entanto, apesar da alegação do *USA Today* de que "os monges de St. Sixtus quebram todas as regras de um curso básico de negócios exceto no que diz respeito à atenção à qualidade", o *Wall Street Journal* argumentou que o maior problema comercial que os monges de St. Sixtus enfrentam é a "ressaca espiritual" ocasionada pela demanda "insaciável" do mercado pelo seu produto. E não é apenas St. Sixtus que vem prosperando — a cerveja trapista fabricada pelos irmãos de Scourmont, também na Bélgica, rende 50 milhões de dólares por ano. Mais perto dos Estados Unidos, a revista *Time* noticiou que os monges trapistas da Abadia de St. Joseph em Spencer, Massachusetts (Estados Unidos), vendem 1,23 milhão potes de suas compotas trapistas todos os anos, por intermédio de mercearias e supermercados em todo o território norte-americano.

No entanto, embora esses números enfaticamente nos convençam da sagacidade trapista, o verdadeiro segredo do sucesso monástico é primorosamente captado pelo que o irmão Joris, o supervisor de fabricação da cerveja de St. Sixtus, declarou ao *Wall Street Journal*: "Vendemos cerveja para viver, e não vice-versa". Os monges não são pessoas voltadas para o lucro que de vez em quando pensam em um propósito mais elevado. São, ao contrário, pessoas intensamente comprometidas com sua missão de serviço altruísta a Deus e aos seus semelhantes que por acaso têm um negócio. Para os monges, o sucesso nos negócios é apenas consequência de viver uma vida de serviço e altruísmo. É essa reorientação radical de prioridades, um segredo trapista ao qual vamos nos referir repetidamente como *mirar além do alvo,* que faz toda a diferença.

O serviço e o altruísmo repousam no âmago da tradição monástica e de todo o sucesso trapista nos negócios. Essa tradição monástica de 1.500 anos representa um modelo socioeconômico antigo, porém emergente, que pode nos ensinar como manter o que é positivo a respeito do capitalismo, enquanto transcendemos suas limitações éticas e contradições internas.

Este livro se inspira nos meus dezessete anos de experiência com os monges de Mepkin, em meus antecedentes como executivo corporativo e empresário, no raro privilégio que desfrutei como protegido de um dos fundadores da IBM Executive School e no exemplo de inúmeras outras organizações transformacionais, para demonstrar que o serviço e o altruísmo não apenas produzem organizações substancialmente mais bem-sucedidas como também funcionários e clientes mais felizes.

Quando pessoas como Ayn Rand argumentam que somos todos egoístas e que a "mão invisível" do capitalismo emerge desse egoísmo, não estão completamente erradas; apenas parcialmente certas. Toda criança que grita sem parar "É meu!" começa egoísta e avança em direção ao altruísmo à medida que amadurece. A trajetória da raça humana — o que chamamos de *civilização* — é um movimento semelhante do egoísmo dos reis rumo ao altruísmo da democracia, e os modelos econômicos da história compartilham essa trajetória hesitante que envolve o fato de, para um ganhar, o outro ter que perder para existir o ganho mútuo. O capitalismo não é tão egoísta quanto o sistema mercantilista que o precedeu, e o mercantilismo, por sua vez, foi um grande passo em direção ao progresso em relação ao feudalismo.

A culpa da atual crise econômica mundial é com frequência atribuída à ganância, ao egoísmo e aos excessos antiéticos do capitalismo de livre mercado desenfreado. Em grande medida, concordo com essa análise, embora, como homem de negócios e empresário, eu adore nosso sistema de livre mercado. A maioria de nós, entretanto, parte do princípio de que a ganância, o egoísmo e o comportamento antiético são intrínsecos aos livres mercados, ao capitalismo e ao "lucro". E, como o capitalismo demonstrou ser o modelo econômico mais produtivo que o mundo já viu, isso levou muitas pessoas a concluir que tudo o que podemos fazer é firmar um acordo doloroso com o diabo. O capitalismo assume o papel de um animal selvagem e perigoso que divide a casa conosco; um animal com quem não podemos conviver, mas com quem também não podemos deixar de conviver. Essa análise parte do princípio de que essa fera egoísta não pode ser domada, de modo que precisa ser constantemente contida para que não se volte, de repente, contra seu dono, trazendo o tipo de consequência desastrosa que vivenciamos recentemente. De modo lamentável, essa descrição do capitalismo nos aprisiona em uma dolorosa dicotomia; coisas como um propósito maior, colocar os outros em primeiro lugar e cuidar do cliente em geral entram em conflito com considerações de "lucro" e "resultados finais". Nessa guerra, os resultados finais sempre parecem vencer, e as metas mais elevadas são perpetuamente condenadas à esfera do altruísmo. Nesse âmbito, tais metas mais elevadas definham, e seus únicos defensores são o púlpito intimidante da culpa corporativa e os fúteis apelos ao "caráter elevado" da espécie humana.

À medida que passava cada vez mais tempo morando e trabalhando ao lado dos monges da Abadia de Mepkin, comecei a compreender que, no fundo, eles vivem sob um modelo econômico antigo, porém emergente, que rejeita a suposição de que o capitalismo e o serviço altruísta devam entrar essencialmente em conflito, sendo mutuamente exclusivos. Os monges de Mepkin e agnósticos como Warren Buffett foram muito bem-sucedidos nos negócios, não *apesar* do fanático compromisso com princípios mais elevados, mas *por causa* deles. O segredo, estranho ao senso comum, que os monges, Buffett e os maiores profissionais de vendas do mundo descobriram é que, quanto mais somos capazes de esquecer as motivações egoístas, mais bem-sucedidos nos tornamos.

Se essa análise estiver correta, então nossa tarefa, embora ainda intimidante, não é fazer mais concessões entre capitalismo e socialismo, competição e cooperação, empreendimentos lucrativos e não lucrativos, desenvolver pessoas e usar pessoas, livres mercados e regulamentações governamentais, motivações altruístas e motivações egoístas. Em vez disso, precisamos transcender essas falsas dicotomias, demonstrando por meio de fatos que o serviço e o altruísmo não envolvem apenas "paparicação". Precisamos provar que o serviço altruísta pode ser mais do que uma campanha de relações públicas dissimulada e uma estratégia de recrutamento corporativo disfarçada de "retribuição". Digo isso porque, como Warren Buffett, os monges e minha experiência pessoal como profissional de vendas, executivo e empresário irão mostrar, o serviço e o altruísmo conduzirão a negócios que são mais lucrativos e produtivos do que os que temos hoje. Serviço e altruísmo não consistem em sacrificar o crescimento e a lucratividade em prol de um "bem comum" abstrato e efêmero. São, ao contrário, um negócio "danado de bom".

Esse modelo não tem em mente demolir o sistema capitalista e o "lucro", que tirou tantas pessoas da pobreza. O serviço e o altruísmo transcendem todas as concessões dolorosas há pouco relacionadas. E fazem isso ao se conectarem ao anseio universal que todos temos de uma missão que seja tão maior que nós, que venha a nos transformar, tanto individual quanto coletivamente, de pessoas egoístas em pessoas altruístas.

¤

CERTA MANHÃ, BEM CEDO, um monge que eu nunca vira antes chegou à casa de classificação de ovos e postou-se a meu lado na fila. Várias horas depois, o sistema da esteira transportadora antediluviana do mosteiro de repente deixou de funcionar, e o trabalho parou aos poucos. Enquanto o irmão John — com uma paciência de Jó, a fé de Abraão e o maior martelo que eu já vira na vida — tentava operar um milagre, descobri que meu colega de fila era de um mosteiro da Nova Zelândia e estava apenas de passagem, a caminho de uma conferência.

Comentei casualmente que tinha lido havia pouco um artigo a respeito das reformas de livre mercado na Nova Zelândia e dos benefícios econômicos que elas vinham produzindo. Inesperadamente, meu comentário provocou uma lamentação sobre os transtornos e o desemprego que essas "supostas reformas" haviam causado ao país.

Aborrecido com o que senti ser um toque de antipatia pessoal implícito no que ele dissera, contra-ataquei comentando que minha empresa estava tendo dificuldade em encontrar pessoas dispostas a trabalhar. Tínhamos contratado recentemente cinco estudantes nas férias de verão para fazer uma pesquisa de mercado, pagando o dobro do salário mínimo, e em poucos dias todos tinham ido embora.

— Talvez eles não gostem de ficar ao telefone o dia inteiro — ele me interrompeu.

— Talvez eu não goste de embalar ovos — retruquei no mesmo tom de voz.

As feições dele se suavizaram, e ele perguntou:

— Você não gosta de trabalhar aqui?

— Nunca pensei muito a respeito — sussurrei, surpreso ao me ver diante da verdade, motivada pela mudança no tom e na atitude do monge. — Apenas faço o que o irmão John me pede para fazer, e me sinto muito grato por ele me deixar fazer o que ele pede.

— Claro — ele falou em meio a um largo sorriso. — Nada mais importa, não é mesmo? É o estilo trapista, irmão, o estilo trapista.

Quando me dei conta, estávamos nos abraçando, e do mesmo modo repentino o mecanismo inanimado ao redor se submeteu às marteladas sobrenaturais do irmão John. A esteira transportadora ressuscitada deu um solavanco à frente, impelida pela própria força, e eu voltei ao trabalho, conduzido por algo muito maior que eu mesmo.

Esse é o poder do serviço e do altruísmo, ou do que o meu irmão da Nova Zelândia chamou de estilo trapista. Em poucos instantes, todas as barreiras de política, economia, nacionalidade e experiências pessoais que nos mantinham separados foram colocadas na perspectiva adequada pelo nosso compromisso mútuo com a missão monástica. Nossas incompatibilidades de opinião e mentalidade não haviam desaparecido, tampouco haviam sido solucionadas — afinal de contas, a criatividade depende da individualidade, da diversidade de opinião e da divergência sincera. Em vez disso, as diferenças tinham sido transcendidas por uma missão que era maior do que interesses egoístas.

Da mesma forma, se quisermos transcender o capitalismo em vez de demoli-lo, precisamos reparar a filosofia imperfeita professada por pessoas como Ayn Rand. Elas partem do princípio de que os seres humanos, e portanto o capitalismo, são modelos estáticos, impulsionados exclusivamente por interesse pessoal. O que vou argumentar ao longo de todo este livro é que a espécie humana é na verdade um "modelo" dinâmico que anseia por "se render", em termos altruísticos, em prol do serviço a algo maior que ela própria. E quando, assim como fazem os monges, combinamos esse impulso para o altruísmo com a livre-iniciativa, descobrimos um modelo econômico que supera muitas das limitações do capitalismo.

Por exemplo, todos os grandes profissionais de vendas sabem que, quanto mais tornam a própria missão a ideia de "se esquecer" de si mesmos, do seu produto e das suas comissões, concentrando-se em atender às necessidades dos clientes, mais vendas eles fazem. As comissões dão conta de si mesmas. Quando corporações inteiras se concentram incessantemente em atender aos clientes, os lucros também dão conta de si mesmos. Os melhores líderes compreendem que, quanto mais se concentram em tornar outras pessoas bem-sucedidas, mais bem-sucedidos eles próprios se tornam.

Muitas pessoas pensam em um mosteiro como um modelo estático: um lugar onde "homens santos" com dons sobrenaturais vivem passivamente seus dias em uma tranquilidade bem-aventurada. Outros ainda adotam o ponto de vista mais desdenhoso de que o mosteiro é um modelo estático repleto de homens egoístas que fogem das responsabilidades do mundo real.

Em vez disso, o segredo do sucesso dos negócios de Our Lady of Mepkin é que o mosteiro oferece um modelo dinâmico: uma incubadora para homens comuns que anseiam ser permanentemente transformados de pessoas egoístas em pessoas altruístas por meio da missão e da metodologia monástica. E os desafios inerentes à obtenção dessa transformação podem ser tudo, menos triviais.

O domingo é um dia de descanso em Mepkin, e na parte da tarde os jardins são salpicados de monges vestidos de hábitos com capuz preto sobre túnicas brancas dando longos e vagarosos passeios, em geral acompanhados por um dos seus irmãos. Eu dava um desses passeios certo domingo com um noviço, um artista consumado e ex-professor de mais ou menos 50 anos, ainda bastante envolvido com o processo de formação monástica, por meio do qual um novo recruta gradualmente se transforma em monge. Caminhávamos sem rumo e em silêncio já havia algum tempo quando, de repente, ele se virou para trás.

— Você pelo menos tem ideia do que acontece aqui? — disse ele, os olhos flamejantes. — A maioria das pessoas acha que tudo por aqui é paz e tranquilidade, mas na verdade as coisas são muito intensas. Todas as vezes que acredito estar fazendo progresso, pego-me empurrando um monge de 90 anos para poder alcançar a última porção de sorvete. Este lugar não passa de um grande espelho; tudo o que preciso fazer é olhar para esses caras para perceber como ainda sou egoísta.

Foi essa sede de transformação de egoísmo em altruísmo, que os monges chamam de *autotranscendência*, que enviou, antes de qualquer outra coisa, esse noviço — um cara comum, exatamente como eu e você — ao mosteiro. É esse anseio que também produz o tipo de compromisso apaixonado com a missão de negócios do mosteiro que vi em ação nele todos os dias. E, quando essa transformação de egoísmo em altruísmo enfim se dá, encontramos seu pleno desabrochar nos feitos quase sobrenaturais de homens como o padre Malachy.

Essa transformação tem tantos nomes quanto são os das diversas culturas, e pode ser religiosa, secular, ou até mesmo ambas, embora seu segredo seja o de sempre produzir um indivíduo mais altruísta. E, quando a oportunidade dessa transformação é oferecida coletivamente por meio de uma missão e certa metodologia, ela conduz a uma família, um clube, um empreendimento não lucrativo ou uma corporação mais bem-sucedidos.

É claro que os desafios envolvidos em usar o modelo monástico para transformar a cultura corporativa são substanciais. A tarefa pode parecer mais intimidante e simplista que a alternativa: travar uma interminável batalha praticamente perdida contra a ganância corporativa egoísta por meio de regulamentação rigorosa, fiscalização e melancólicos apelos aos melhores anjos da humanidade.* Mas, sempre que começo a perder o ânimo, procuro me lembrar de que criar uma cultura baseada no serviço altruísta provavelmente não é mais irrealista do que a tarefa que Adam Smith enfrentou ao transformar o ainda mais egoísta modelo econômico mercantilista da sua época. Os desafios que os primeiros pioneiros enfrentaram para transformar a economia de escambo em economia monetária deve ter sido ainda mais intimidador. E nossa tarefa chega quase à insignificância se comparada com o primeiro praticante da ciência sombria da economia, perdido na névoa do tempo, que colocou

---

* *Mankind's Better Angels* no original. É uma variação de uma expressão usada por Abraham Lincoln no seu discurso de posse, em 4 de março de 1861: *The Better Angels of Our Nature* ("os melhores anjos da nossa natureza"). (N. dos T.)

a vida em risco ao sugerir aos companheiros guerreiros que talvez fosse mais lucrativo, no longo prazo, negociar com os vizinhos em vez de saqueá-los.

Além disso, como veremos, já temos como inspiração muitos modelos do que vamos chamar de *organizações transformacionais*: organizações tão heterogêneas quanto o Corpo de Fuzileiros Navais dos Estados Unidos, os Alcoólicos Anônimos, mosteiros do mundo inteiro e a IBM Executive School, sob a direção de Louis R. Mobley.

Além dessas organizações, que, intencional ou conscientemente, oferecem uma experiência transformadora, várias modestas companhias empreendedoras devem grande parte de seu sucesso ao fato de terem "acidentalmente" oferecido às pessoas experiências transformadoras, que transcendem o plano de opção de compra de ações e todas as outras alavancas motivacionais das quais os dirigentes em geral se valem para criar entusiasmo.

No entanto, o que distingue a organização transformacional intencional da acidental é sua qualidade duradoura. O sucesso dos fuzileiros navais, dos Alcoólicos Anônimos e da tradição monástica tem sido tão espetacular, durante tanto tempo, precisamente porque eles não apenas incorporam a transformação pessoal às respectivas missões, mas também institucionalizam esse processo por meio de metodologias, como o campo de treinamento, o programa dos Doze Passos, a Regra de São Bento e o programa de aprendizado experiencial de doze semanas da IBM Executive School de Mobley.

Lamentavelmente, a maioria das *start-ups* empreendedoras não se dá conta do quanto seu sucesso depende de oferecerem às pessoas a oportunidade de serem transformadas. Ao deixarem de institucionalizar esse impulso por meio da missão e da metodologia, essas jovens empresas não raro perdem a centelha da paixão inovadora assim que crescem, e o treinamento corporativo que se segue mais tarde não consegue reacendê-la.

Se quisermos o poder veemente do anseio humano de transformação, ele precisa ser claramente enunciado e metodologicamente institucionalizado. Para criarmos organizações superiores capazes de superar o sem-número de problemas que enfrentamos hoje, precisamos nos conectar com a quantidade gigantesca de potencial humano que permanece inativo na maioria das empresas. E, para despertar e aproveitar esse potencial, precisamos primeiro entender o que as pessoas desejam realmente da vida, de modo geral, e do local de trabalho, em particular.

Contudo, antes de começar, vamos caminhar um pouco ao lado do irmão Robert. Em termos filosóficos, este livro argumenta que, apesar de todas as ideias relativistas que estão em moda hoje, o propósito da vida não é uma questão de opinião ou gosto individual. Este livro — ouso dizer — insiste *dogmaticamente* em que o propósito de cada vida humana, quer o percebamos, quer não, é ser transformado de uma pessoa egoísta em uma pessoa altruísta. A última prece do monge todas as noites, nas Completas, é que ele tenha uma noite tranquila e uma morte serena. Esta obra é minha prece para que, ao aprender a viver como um trapista, possamos todos receber a graça de também morrer como um.

2

O QUE REALMENTE QUEREMOS

Todas as religiões, portanto, buscam um "ápice" de santidade, de experiência, de transformação interior ao qual os seus adeptos — ou uma elite de adeptos — aspiram porque esperam, por assim dizer, encarnar na própria vida os valores mais elevados nos quais acreditam. Dizendo isso em uma linguagem excessivamente simplificada, todas as religiões aspiram a uma "união com Deus" de uma maneira ou de outra.
— *Thomas Merton*

O *ENVOLVIMENTO DOS FUNCIONÁRIOS* é um desses temas em voga que mantêm ocupados os gurus da área de negócios. E por um bom motivo: quanto mais envolvidas estão as pessoas, mais produtivas elas são, e toda a organização é beneficiada. Na realidade, envolvimento dos funcionários é apenas uma expressão moderna para o que costumava ser chamado de "lealdade corporativa", e, lamentavelmente para a produtividade, os funcionários estão revelando níveis decrescentes desse recurso intangível, porém fundamentalmente importante.

Desde 1985, o Kenexa High Performance Institute vem compilando dados para seu relatório WorkTrends sobre envolvimento dos funcionários perguntando-lhes quanto concordam com as seguintes declarações:

1. Sinto orgulho de dizer às pessoas que trabalho para minha organização.
2. De modo geral, estou extremamente satisfeito com minha organização como local de trabalho.

3. Indicaria de bom grado um bom amigo ou membro da família para trabalhar na minha organização.

4. Raramente penso em procurar emprego em outra organização.

De acordo com o mais recente relatório WorkTrends:

> O ano de 2011 foi de níveis declinantes no envolvimento dos funcionários. Embora certo declínio tenha sido observado em 2010, o ritmo e a amplitude desse declínio aumentaram em 2011. O fenômeno do declínio do envolvimento dos funcionários não esteve limitado a um âmbito geográfico, tipo de emprego ou mesmo de setor.

Os guerreiros corporativos de hoje esperam algo mais — muito mais — do seu trabalho; algo que transcenda as costumeiras alavancas motivacionais de mais dinheiro e cargos mais importantes. Como vimos no capítulo anterior, o extraordinário sucesso econômico da Abadia de Mepkin e de mosteiros trapistas pelo mundo afora depende, em grande parte, do "envolvimento" extremado de homens como o padre Malachy. Acredito que podemos reverter a maré da desmotivação dos funcionários aplicando o modelo monástico às organizações seculares. Mas, antes de fazer isso, precisamos primeiro responder à pergunta: o que realmente queremos da vida e, mais especificamente, do nosso trabalho?

⌑

ESTAVA SENTADO no pequeno escritório do padre Christian, na Abadia de Mepkin. Estava adiantado para o encontro, mas, exatamente como eu esperava, ele logo irrompeu na sala. Cumprimentou-me calorosamente, e uma vez mais me maravilhei com a vitalidade desse ágil homem de 90 anos. Ele tinha alguns livros debaixo do braço, e um deles parecia ser um livro universitário. Curioso, perguntei que livro era, e fiquei surpreso ao descobrir que se tratava de um livro sobre teoria quântica. Ele contou que, para seu grande constrangimento, seu conhecimento de Física era decididamente "anacrônico", e ele achava que estava na hora de "queimar as pestanas" estudando por conta própria aquele livro de aspecto impressionante.

Enquanto ele me informava sobre seu progresso, pensei a respeito do mistério que envolvia esse homem. Por um lado, o padre Christian é um dos seres humanos mais sofisticados, até mesmo urbanos, que já conheci. Ele procede de uma abastada família de Washington, DC, e sente-se tão à vontade discutindo os méritos relativos de internatos exclusivos da Nova Inglaterra quanto se conversasse sobre o tempo. Ele possui ph.D. em Filosofia, Teologia e Lei Canônica, e já era um advogado bem-sucedido quando decidiu se tornar um padre franciscano. Tem uma memória prodigiosa e mescla seus argumentos com citações de Shakespeare, Gerard Manley Hopkins e uma infinidade de outros autores e poetas, para tanto discursando sem esforço em inglês, francês, latim e grego, de acordo com a exigência da sua fonte. Lê incessantemente a *Summa Theologica* de são Tomás de Aquino no original em latim, e me disse certa vez, quase com severidade:

— Preste atenção: se quiser chegar espiritualmente a *qualquer lugar*, precisa estar impregnado de são Tomás.

Por outro lado, é a epítome do monge trapista silencioso e contemplativo. Ninguém é mais dedicado a cada detalhe da Regra de São Bento. Perguntei-lhe certa vez se ele algum dia tinha pegado no sono entre os serviços de antes do amanhecer, a Vigília e as Laudes, quando, por direito, monges e hóspedes monásticos como eu estávamos em nossos quartos envolvidos na meditação ou na disciplina da *lectio divina* — a leitura lenta, metódica e atenta da sagrada escritura. A maneira perscrutante como esquadrinhou meu rosto não me deixou nenhuma dúvida de que tivesse adivinhado o motivo implícito da minha pergunta. Em seguida, ele resmungou:

— Não vou dizer que nunca fechei os olhos em todos estes anos, mas eu poderia contar nos dedos de uma única mão quantas vezes foram. Lembre-se de que os primeiros frutos vão para Deus.

Afastando-se a passos determinados, sentiu-se compelido a elucidar qualquer ambiguidade que pudesse ter restado olhando por cima do ombro e repetindo enfaticamente:

— Os *primeiros* frutos.

Ascético em seus hábitos, praticamente não come nada, parecendo alguém que passa fome, tal a magreza, e evita o café de elevada octanagem que parece alimentar o mosteiro. Em todos os anos que tenho ido à Abadia de Mepkin, nunca soube que ele tivesse perdido um dos oito serviços comunais que compõem o dia monástico. Depois do último serviço, antes da hora de se recolher, as Completas, você o encontrará ajoelhado na capela envolvido profundamente em orações.

Ele nunca deixa o mosteiro, pois seu voto de "estabilidade" o impede, e até mesmo aos 90 anos lembra-se da advertência de são Benedito quanto ao trabalho físico. Certa vez, ficamos juntos em uma das tarefas mais árduas do mosteiro: limpar os galinheiros. Extraímos das gaiolas centenas de galinhas cacarejantes enquanto elas defecavam sobre nós dois em protesto. Ele é exageradamente pontual e, certa vez, para poder chegar na hora, correu os quase oitocentos metros do claustro até o local de uma reunião com um grupo de participantes de um retiro que eu levara ao mosteiro.

Quando terminou sua breve palestra sobre mecânica quântica, minha curiosidade transbordou, e decidi correr o risco de uma reprimenda por fazer uma pergunta profundamente pessoal. Por que um homem com seus onívoros interesses, talentos, amor ao aprendizado, às pessoas e a quase todos os tipos de conversa decidira se tornar um monge silencioso em um dos mais rígidos mosteiros da Ordem mais rígida da Igreja Católica?

— Cometi um erro! — ele berrou.

Em seguida, seus incríveis olhos azuis se fecharam com força, o queixo caiu no peito, e ele riu até não poder mais enquanto marcava o compasso de uma tatuagem musical nos braços da sua cadeira. Riu tanto, e durante tanto tempo, que, quando enfim parou, leves partículas de saliva reluziam na longa barba grisalha, até que ele as enxugou com um lenço. Ele me contou que, depois de passar anos como franciscano, tinha visitado um mosteiro trapista no Canadá, por curiosidade.

— Estava na visita quando cometi o erro de fazer a mim mesmo uma pergunta. Depois de me debater durante anos, finalmente compreendi que aquela pergunta estúpida me pegara. Quando me dei conta, me vi aqui.

Indaguei então:

— Qual foi a pergunta?

— Como seria me entregar completamente a Deus?

Não sei dizer se o padre Christian ficou emocionado com sua revelação, com minha reação, ou as duas coisas. Mas ficamos um longo tempo em silêncio enquanto eu aos poucos recuperava a serenidade. Por fim, ele levantou o queixo do peito e abriu os olhos.

— Há algo terrivelmente errado com a espiritualidade hoje em dia — disse ele, apontando tristemente para o outro livro que trouxera para o nosso encontro. — É como se o materialismo, que tem um forte domínio sobre nossa cultura, também tivesse se apoderado da espiritualidade. Se você parar para pensar, vai constatar que a maior parte do que é chamado de espiritual é na verdade humanístico. As pessoas não desejam a aventura de Deus nos termos Dele e para o bem Dele. Elas querem um mundo melhor, uma vida mais feliz, melhores relacionamentos e todos os benefícios que os acompanham. A maior parte disso não é espiritual; é docemente reconfortante e sentimental. É meramente edificante.

"Meramente edificante" soou como algo tóxico do qual ele estivesse se desfazendo com tenazes de três metros de comprimento.

— Mas não me entenda mal — prosseguiu ele. — Nosso Senhor falava sério quando ordenou que amássemos uns aos outros. Passei vários anos em Uganda como capelão, e minha experiência lá permanece crucial para minha vida. Não esperava que aquelas pessoas maravilhosas tivessem tão mais para dar do que eu tinha. Aprendi o espírito da verdadeira caridade em Uganda. A verdadeira *caritas*, caridade, significa que tudo o que você tem para dar não é suficiente; você anseia por dar mais e encontra uma terna humildade nesse fato. O que quero dizer é que a espiritualidade moderna faz de Deus o meio para um fim, e não o fim propriamente dito. Somos exortados a buscar Deus *porque* isso gerará este ou aquele benefício humano. As pessoas não compreendem que "porque" implica que o fim é o benefício humano, e a Verdade, apenas o meio. O altruísmo se torna o falso deus nessa equação. É por esse motivo que eu sempre me volto para os pais da Igreja, os santos, os místicos: pessoas que escalam montanhas espirituais apenas porque se fazem presentes para serem escaladas e é nosso destino escalá-las. São Bernardo foi quem melhor disse isso: *Amo quia amo, amo ut amem.*

Os meus quatro anos de latim no ensino médio foram insuficientes, e o encarei com um olhar inquisitivo.

— Amo porque amo, amo a fim de amar — ele traduziu. — Considere Tomás de Aquino, por exemplo. — E ele pareceu se iluminar com o singelo entusiasmo que a mera menção de seu herói sempre produzia. — Ele é um médico da Igreja e na Idade Média quase ressuscitou sozinho a filosofia grega. Era tão inteligente que era capaz de guardar na cabeça, ao mesmo tempo, o enredo de cinco diferentes livros que estava escrevendo. Cinco escriturários tomavam o ditado, um em seguida ao outro, para que ele não tivesse que ficar esperando enquanto escreviam. A *Summa Theologica*, sua obra-prima, tem 3.500 páginas, mas você sabia que é uma obra inacabada?

Fiz um gesto negativo com a cabeça.

— Certo dia, ele simplesmente parou de escrever. Seu secretário constantemente perguntava quando iam retomar o trabalho, e ele sempre o mandava embora. Enfim, o sujeito reuniu coragem e perguntou o que estava acontecendo, e Tomás respondeu o seguinte: "Tive uma experiência de Deus, e agora sei que tudo o que escrevi não tem nenhum valor. Nunca mais escreverei nenhuma outra palavra". Todas as vezes que pego um livro moderno, fico me perguntando: onde está o *mysterium tremendum,* o estarrecimento, o Medo do Senhor? Onde está o poder, a admiração, a magnanimidade, a glória, o sobrenatural, o medo e o tremor, o assombro abjeto? Onde está a transcendência?

Uma vez mais, ficamos sentados em silêncio.

— Acho que entendo o que o senhor quer dizer, padre — disse eu por fim, embora me perguntasse se deveria. — A diferença entre uma pessoa que efetivamente experimentou a transcendência e aquela que não experimentou deve ser... bem...

— Infinita — falou ele, fornecendo a palavra que eu procurava. — A diferença é *infinita.*

OS ESTADOS UNIDOS são o país mais rico e bem-sucedido que o mundo já viu. Como minha mãe pacientemente costumava ressaltar sempre que reclamávamos, o norte-americano típico com aquecimento central, vasos sanitários com descarga, um carro de segunda mão e um dentista munido de novocaína vive melhor do que os reis da Inglaterra viviam não faz tanto tempo. No entanto, o Dalai Lama descreveu os norte-americanos como o povo mais miserável da terra. A Organização Mundial da Saúde (OMS) citou recentemente a depressão como a doença mais séria que aflige os países ocidentais hoje em dia, e há pouco tomei conhecimento de que um em quatro calouros que ingressam em uma das nossas mais prestigiosas universidades já toma antidepressivos. Estimativas sugerem que até 40 milhões de norte-americanos lidam com problemas de abuso de substâncias; a obesidade vem atingindo proporções epidêmicas; e nossa taxa de suicídio é maior do que a de muitos países em desenvolvimento. No entanto, lendo as notícias, poderíamos quase pensar que, se ao menos pudéssemos fazer a economia crescer de novo, tudo ficaria bem.

Novamente: o que todos queremos da vida, da carreira e dos negócios, e por que estamos tendo tanta dificuldade para descobrir?

¤

UMA DAS COISAS MAIS úteis que aprendi como executivo de vendas e de marketing foi o conceito dos "votos monetários". Votos monetários é o corolário da área de negócios sobre o fato de que o que fazemos revela mais a respeito do que realmente queremos do que o que pensamos, sentimos ou dizemos. Um voto monetário afirma que, se quisermos entender de fato o que motiva as pessoas, devemos examinar como as pessoas efetivamente gastam seu dinheiro em vez de analisar informações de pesquisas de opinião e de grupos de discussão. Afinal de contas, o dinheiro é apenas um mecanismo para armazenar o tempo e a energia humanos e torná-los portáteis, e, na condição de criaturas mortais, com um tempo de vida bastante limitado, o modo como utilizamos esses escassos recursos é a melhor maneira de adivinhar nossas verdadeiras prioridades. Posso argumentar de forma bastante persuasiva que ajudar os outros é minha principal prioridade, mas, se eu doar mais dinheiro para o meu cassino predileto em vez de para a minha instituição beneficente favorita, não ficaria surpreso se você não se deixasse convencer.

Na minha empresa, depois de desalentadoras incursões na área da pesquisa de opinião, decidimos prescindir completamente desse tipo de pesquisa de mercado. Em vez disso, sempre que tínhamos uma ideia para um novo produto, nós o apresentávamos à nossa cartela de clientes com um desconto de software de pré-lançamento. Se os clientes estivessem realmente dispostos a entrar com uma boa grana, pelo nosso lado, investíamos no desenvolvimento de um produto final. Quando não alcançávamos o número necessário de vendas, restituíamos o dinheiro aos poucos clientes desapontados e voltávamos para a prancheta. Essa abordagem assegurava um mercado a todos os produtos que oferecíamos, e era, na realidade, menos dispendiosa e demorada do que formas mais tradicionais de pesquisa de mercado.

Quando olhamos para o mundo através da lente dos votos monetários, vemos uma demanda humana por histórias quase insaciável. Livros, filmes e a televisão são indústrias multibilionárias, e seu principal negócio é contar histórias. Até mesmo a música, assim como a poesia, são basicamente a arte de contar histórias ajustada à melodia. O fato de gastarmos tanto dinheiro com histórias — nos bons e nos maus tempos — demonstra que elas oferecem algo que realmente queremos, não apenas algo que dizemos que queremos. E o que a maioria das histórias oferece é a experiência vicária da transformação.

Todos aprendemos na escola, no curso básico de literatura, que em toda história cativante o personagem principal precisa ser transformado de maneira fundamental no decorrer da narrativa. O personagem principal precisa ser no final, literalmente, uma pessoa diferente da que era no princípio, e nos exemplos mais edificantes o personagem principal se torna alguém mais sábio e altruísta. Até mesmo as histórias "sombrias" são, em geral, narrativas sobre protagonistas, como Darth Vader, de *Guerra nas Estrelas*, ou Michael Corleone, de *O Poderoso Chefão*, que se submetem ao lado egoísta de sua natureza com resultados desastrosos. Essas histórias mais sombrias são tão antigas quanto a tragédia grega, e funcionam não raro como narrativas que advertem sobre o que acontece aos meros mortais quando tentam se elevar acima de deuses e homens. Os personagens podem se transformar rumo às trevas e ao egoísmo, ou rumo à luz e ao altruísmo, mas a tensão dramática em quase todas as histórias é mantida por esse arco transformacional, de uma maneira ou de outra.

Sem esse arco transformacional, podemos ter um espetáculo, mas não temos uma história. De acordo com os votos monetários, o fato de gastarmos tanto tempo e dinheiro assistindo à transformação de outras pessoas demonstra que é essa transformação essencial do egoísmo para o altruísmo o que realmente queremos. É claro que a parte trágica dessa análise é que, para a maioria de nós, esse impulso para a transformação permanece vicário, e acredito que seja esse o motivo pelo qual nos sentimos um pouco desapontados até mesmo depois das histórias mais inspiradoras. Em algum lugar, bem lá no fundo, compreendemos que, assim como não podemos pagar alguém para ir à academia por nós, tampouco podemos nos transformar por meios indiretos.

A jornada do herói

NOS ÚLTIMOS ANOS, filmes como *Matrix, O Show de Truman, Guerra nas Estrelas, Feitiço do Tempo, Avatar* e *O Diabo Veste Prada* levaram bilhões de pessoas aos cinemas. Do que poucos se dão conta é que muitos desses filmes e uma infinidade de outros baseiam-se intencionalmente na obra seminal de Joseph Campbell, *O Herói de Mil Faces*. Campbell passou a vida inteira pesquisando mitos, lendas folclóricas e as tradições religiosas do mundo, e descobriu que, embora haja muitas diferenças superficiais, o tema da jornada transformadora do herói se repete com enorme regularidade. Muitos cineastas famosos, como George Lucas e Steven Spielberg, basearam-se no trabalho de Campbell, e até mesmo filmes que não seguem intencionalmente essa fórmula não raro o fazem na falta de outra opção; afinal de contas, Campbell apenas apresentou o tema heroico que já vinha alimentando as narrativas ao longo de vários milênios.

Uma vez mais, ao aplicar nosso conceito de votos monetários, o fato de acharmos os filmes baseados na jornada do herói tão irresistíveis demonstra que a transformação, ou o que o padre Christian chamava de transcendência, é o que todos de fato queremos e que está tão dolorosamente ausente de nossa vida. Portanto, se desejamos em nossas organizações seculares o mesmo tipo de envolvimento por parte dos funcionários e de lealdade por parte dos clientes que vemos na Abadia de Mepkin, precisamos oferecer às pessoas a oportunidade de satisfazer essa sede de transformação.

Embora Campbell descreva vários estágios na jornada do herói, estes são os principais:

1. O Chamado.
2. Resistência ao Chamado.
3. O Deserto.
4. A Grande Provação.
5. Morte e Renascimento.
6. Retorno para Ajudar os Outros

O Chamado

O Chamado, ou o que os monges chamam de *vocação*, é o estágio do convite na jornada do herói. Quer ele ocorra como no caso do padre Christian, que fez sua "pergunta estúpida", ou no de Morpheus em *Matrix*, que ofereceu a Neo a chance de ver "qual a profundidade do buraco do coelho", o herói é convidado a abandonar o caminho habitual da rotina em troca da aventura e, no final, da autotranscendência.

Nos negócios, o Chamado pode assumir uma variedade de formas, como a oferta inesperada de um cargo novo e mais desafiador, a chance de voltar a estudar e fazer um MBA ou aquela voz misteriosa que chama incessantemente todo futuro empreendedor.

Resistência ao Chamado

Na tradição monástica, o segundo estágio, a Resistência ao Chamado, é conhecido como *discernimento* e corresponde ao longo período de incubação que o padre Christian vivenciou debatendo-se com sua pergunta. No cinema, esse estágio é representado com frequência pela reação inicialmente hostil do herói à ideia de que ele "interrompa sua aposentadoria" para uma "última missão". Nos negócios, a Resistência ao Chamado se dá no exame de consciência e na "devida diligência" pelos quais todos passamos antes de mudar de profissão, de tirar uma licença sabática há muito desejada, de abrir a própria empresa ou até mesmo de pedir um aumento ao chefe. A empresa que pensa em fazer uma mudança fundamental em seu modelo de negócios passa pelo mesmo período intenso de "discernimento" antes de dar o salto.

O Deserto

Sempre que um monge morre, um "santinho" com sua foto é publicado. Sob sua data de nascimento e morte escreve-se a data na qual ele ingressou na vida monástica como postulante. Esse ingresso é o segundo aniversário do monge e marca o início do terceiro estágio da jornada do herói: o Deserto. Esse é o estágio "ascético", quando o herói, em geral com a ajuda de um mestre, mentor ou apenas da muito conhecida e antiquada adversidade, passa por um árduo processo de treinamento e desenvolvimento pessoal. Na tradição monástica, o Deserto é o lugar onde o monge é "formado" por meio de um processo de desenvolvimento intelectual, moral, psicológico e espiritual conhecido como *formação*.

A palavra *asceticismo* na verdade deriva do vocábulo grego para treinamento atlético, e é esse sentido mais amplo, não religioso, da palavra que é aplicável a muitas dramatizações cinematográficas, como *O Diabo Veste Prada*, cuja natureza é secular e apenas metaforicamente espiritual. O estágio do Deserto pode durar anos, e, como ele é quase sempre marcado por pouco mais do que uma monótona tenacidade em face do contínuo fracasso orquestrado por um mestre bem-intencionado, porém irritante, não é de causar surpresa que sua representação cinematográfica seja, em geral, substancialmente abreviada.

Em *O Diabo Veste Prada*, por exemplo, o Deserto é retratado por meio da montagem de uma série interminável de casacos que voam todas as manhãs da personagem de Maryl Streep sobre a mesa da personagem de Anne Hathaway e em direção ao rosto dela — uma montagem que engenhosamente indica tanto a passagem do tempo quanto a frustração que todos os grandes mestres, de Yoda em *Guerra nas Estrelas* ao padre Christian, infligem enquanto insistem apenas no que é melhor para nós.

Nos negócios, o Deserto é a fase de intensa luta que ocorre quando tentamos dominar uma nova função ou um conjunto inteiramente novo de habilidades enquanto sentimos que tudo "está muito além da nossa compreensão" a maior parte do tempo. O que torna o Deserto ainda mais desafiador é que, assim como ter aulas de golfe, em geral ele envolve um estágio regressivo: as coisas a princípio ficam piores antes de melhorar. A rede de lojas de departamentos J. C. Penney está atualmente no Deserto. Pelo menos temporariamente, os esforços do novo CEO em transformar o modelo de negócios retirando descontos dos clientes conduziu a uma redução regressiva da receita enquanto a empresa se esforça para se reinventar.

Do mesmo modo, o empresário que não passa muitas noites sem dormir no Deserto se perguntando por que trocou um "emprego perfeitamente aceitável" pelo "horrível inferno" do estágio regressivo do empreendedorismo é extremamente raro. (Eu com certeza passei.)

A Grande Provação

O quarto estágio da jornada do herói é a Grande Provação: o herói é tentado a usar o poder acumulado durante o seu treinamento no Deserto para fins egoístas em vez de altruístas. Em sucessivos filmes, a tensão dramática é produzida pela incerteza que se apresenta quando nos perguntamos se o herói vai vencer a tentação ou vai ser seduzido, como Darth Vader, pelo lado sombrio do egoísmo. O demônio tenta Jesus com o poder egoísta no deserto, e é poder que a personagem de Meryl Streep, no final, oferece à personagem de Anne Hathaway em *O Diabo Veste Prada*.

Na tradição monástica, a Grande Provação é chamada com frequência de Noite Escura da Alma, a crise psicológica que não raro precede a entrega espiritual.

Nos últimos anos, experientes celebridades do mundo financeiro, como Bernie Madoff, foram para a prisão porque, quando confrontados com a

Grande Provação de enfrentar as próprias limitações, sucumbiram à tentação de usar poder e prestígio ilicitamente adquiridos.

Outro exemplo da Grande Provação nos negócios é conhecido como "chegar ao limite de resistência". A carreira fica estagnada, e todas as "habilidades" e poder pessoal acumulados no Deserto parecem não mais funcionar. Nos negócios, é quase uma evidência desse acontecimento o fato de nosso ambicioso herói corporativo ter esquecido que todo negócio é um negócio de pessoas. Na pressa egoísta de galgar os degraus superiores da escada corporativa, o herói acumulou um excesso de inimizades, deixou de compartilhar seus méritos e se caracterizou como o tipo de pessoa "eu, mim e meu", alguém que só recebe e nada dá. Determinado a ser a pessoa mais inteligente do pedaço, ele não sabe o que significa "sacrificar-se pela equipe". Chegar ao limite de resistência por razões egoístas é tão comum na América corporativa que nossas mais prestigiosas escolas da área de negócios não raro são censuradas por executivos bem-sucedidos pela excessiva ênfase à competência técnica, à custa dos valores interpessoais, que são tão típicos dos monges e tão fundamentais para o sucesso deles.

Morte e Renascimento

O clímax da jornada do herói é a Morte e o Renascimento. O herói foi até onde pôde ir, impelido pelo próprio poder, e, compreendendo a insensatez do egoísmo, pede ajuda e se submete à "graça", seja literal ou, com mais frequência, metaforicamente, na forma de amor.

No filme *Matrix*, apesar do poder acumulado no Deserto sob a tutela de Morpheus, Neo não consegue superar sozinho a sua grande provação: o agente Smith. Ele morre e é trazido de volta à vida pelo amor de uma mulher. Essa mulher, que por acaso se chama Trinity ("Trindade"), oferece um salva-vidas redentor, simbolicamente representado por uma linha telefônica, ao herói aprisionado na ilusão da Matrix. Essa linha telefônica metaforicamente conecta o "céu" do mundo real, onde Trinity reside, à "terra" da Matrix ilusória.

Na tradição monástica, a Morte e o Renascimento são simbolicamente reencenados por meio da Profissão Solene quando, depois de anos no Deserto como noviço, o monge faz os votos finais. Ele "morre para o mundo" e "renasce" como membro maduro da comunidade.

Independentemente da trama da história, o estágio de morte e renascimento marca a transformação do herói. Ocorre, então, uma alquimia interior, e o herói é radicalmente transformado. A Profissão Solene só é oferecida ao noviço que aspira a se tornar um monge se, aos olhos do abade, do mestre de noviços e da comunidade como um todo, essa transformação houver acontecido de fato.

Nos negócios, assim como nas representações cinematográficas, a Morte e o Renascimento é um processo assustador e, não raro, doloroso. Seguindo nosso exemplo anterior, as pessoas que chegaram ao limite de resistência na carreira em geral resistem obstinadamente a "renunciar" aos hábitos egoístas e à ambição individual, que funcionaram tão bem no passado. Demonstrar vulnerabilidade, admitir erros, ajudar os outros e tornar-se mais receptivo são coisas tão pouco naturais e assustadoras que, assim como o personagem de Bill Murray em *Feitiço do Tempo*, essas pessoas acham que repetir incessantemente os mesmos erros é uma alternativa bem mais apetecível. No entanto, também como o personagem de Bill Murray, elas podem vivenciar uma "mudança radical". Com a ajuda de um cônjuge amoroso, um amigo ou um mentor — ou apenas de uma confluência de circunstâncias —, o herói corporativo pode enfrentar suas limitações, admitir erros egoístas e se abrir aos outros. Ele "morre" e "renasce", e, quando isso acontece, sua carreira, que estava estagnada, geralmente decola.

Retorno para Ajudar os Outros

O herói agora está pronto para empreender o estágio final: o Retorno para Ajudar os Outros. Esse estágio é particularmente bem representado na última cena de *O Diabo Veste Prada*. Primeiro, a personagem de Anne Hathaway distribui todas as roupas caras que ela comprou em Paris. Isso simboliza sua "renúncia" monacal da "antiga vida" e das prioridades egoístas. Desistir das roupas também simboliza renunciar ao corpo da "carne", também uma conhecida metáfora monástica para a renúncia do egoísmo. O monge troca seus trajes comuns por um hábito e um voto de pobreza.

Em seguida, a personagem de Anne Hathaway encontra a mentora pela última vez, e, embora seja repelida a princípio, o pequeno sorriso que recebe da personagem de Meryl Streep em sua limusine sugere que ela transcendeu a necessidade de um mentor e se tornou ela própria um mestre. Na cena final, a personagem de Anne Hathaway caminha radiante pela rua, em paz consigo mesma e com o mundo. Ela se tornou a versão de negócios de um compassivo budista *bodhisattva*, a caminho de ajudar outras pessoas na jornada da transformação.

Uma das regras mais importantes de são Bento é que os monges precisam oferecer hospitalidade a qualquer hóspede temporário, viajante ou peregrino que vá ao mosteiro em busca de abrigo. É por meio da hospitalidade que o Retorno para Ajudar os Outros se dá na tradição monástica. A demanda pela orientação espiritual do padre Christian por pessoas como eu é inexaurível, mas nunca o vi mandar alguém embora. E é essa hospitalidade generosa a serviço dos outros que é crucial para o negócio monástico.

Do mesmo modo, o empresário — ou o negócio — que passou pela transformação oferece a hospitalidade monástica por meio do serviço altruísta a colegas, clientes, acionistas e *stakeholders*. Paradoxalmente, agora que subir a escada corporativa deixou de ser tão importante, o herói corporativo transformado em geral começa a galgá-la de três em três degraus.

A jornada do herói pode ser ainda mais abreviada que esse meu resumo truncado da obra de Campbell sugere. Não importa quantos estágios delineemos, ou de serem retratados como religiosos ou seculares, o modelo de Campbell é sempre uma jornada transformacional do egoísmo para o altruísmo.

Os três tipos de transformação

A VIDA EM SI pode ser efetivamente descrita como um anseio de transformação. Cada glande anseia por se tornar um carvalho, e a vida em si é uma jornada transformacional da vida para a morte e novamente de volta à vida. A famosa hierarquia das necessidades humanas de Abraham Maslow é uma incrível interpretação da motivação humana, mas o modelo dele pode ser também descrito em função de um anseio de transformação.

Embora toda motivação humana surja de um anseio de transformação, existem três tipos diferentes dela. Quando um homem que está com sede bebe água, ele transforma a sua *condição*. Quando um homem pobre ganha na loteria, ele transforma sua *circunstância*. E, quando o sr. Scrooge (personagem principal de *Um Conto de Natal*, de Charles Dickens) acorda na manhã de Natal como um homem completamente novo, ele vivenciou uma transformação do *ser*.

Esses três tipos de transformação são necessários. É somente quando tentamos substituir um tipo de transformação por outro que nos metemos em dificuldades. Quando transformamos o alimento em "comida que conforta" (*comfort food*), estamos na verdade tentando preencher aquele buraco da alma enchendo demais o estômago. A comida que conforta é uma tentativa de colocar a transformação de uma condição no lugar de uma transformação do ser, não raro com resultados desastrosos. A comida, as drogas, o álcool e o sexo produzem transformações de uma condição, e, quando usados de maneira apropriada, todos têm sua utilidade. É somente quando os usamos de modo equivocado, como um substituto para a transformação do ser, que as coisas saem terrivelmente errado. O "barato" extático das drogas pode parecer autotranscendência, mas, como todo viciado acaba descobrindo, é meramente a via de acesso ao inferno.

O poder e a fama são transformações de circunstância, e também têm sua utilidade. A autodeterminação apoia-se em uma quantidade modesta de poder, e todos precisamos de um pouco de fama, em forma de reconhecimento, para viver uma existência produtiva. A avidez pelo poder desenfreado, contudo, repousa na suposição equivocada de que, se pudermos obrigar as pessoas a nos tratar de maneira diferente, de algum modo isso nos transformará. A fama se apoia em um equívoco semelhante: achamos que, se pudermos transformar a opinião das pessoas, de algum modo isso nos transformará. Com o tempo, a verdade é que, por mais famosos ou poderosos que nos tornemos, ainda assim seremos a mesma pessoa que sempre fomos, e a convivência com a hipocrisia — aliada à enorme quantidade de energia psíquica necessária para manter o fingimento — é a razão pela qual tantas celebridades destroem a si mesmas e tantas pessoas poderosas são aniquiladas pelo sucesso.

Grande parte do vazio e do tédio que sentimos, individual e coletivamente, resulta de querermos colocar a transformação de uma condição e/ou circunstância no lugar da transformação do ser, que é o que realmente almejamos. Nos negócios, contudo, aprendemos que todo problema representa uma oportunidade.

Livros de negócios recentes como *Megatrends 2010* argumentaram que a espiritualidade será a tendência que definirá os negócios no século XXI. Eu argumentaria que o atrativo universal de filmes baseados no modelo de Campbell demonstra que essa tendência já está bastante avançada. Pela primeira vez na história humana, as condições econômicas tornaram possível a jornada do herói para muitos, e não apenas para alguns poucos. Nessa interpretação, a depressão, os males sociais e a diminuição do envolvimento dos funcionários, que mencionei anteriormente, não são apenas indícios de decadência e declínio. Em vez disso, representam um Arbusto Ardente que nos chama individual e coletivamente rumo a algo mais elevado e significativo que um estômago cheio e uma casa de troféus. E a nossa suspeita, compartilhada por Neo no filme *Matrix*, de que existe "algo errado com o mundo" pode ser apenas um mestre bem-intencionado exortando nossa natureza superior ao frustrar a nossa natureza inferior.

É nesse sentido que o modelo de negócios monástico é ao mesmo tempo antigo e emergente. É antigo porque, durante mais de 1.500 anos, ele ofereceu a jornada do herói para alguns poucos. E é emergente porque estamos, enfim, no ponto em que a fórmula monástica pode ser aplicada a muitos.

Servir Coca-Cola de graça na sala de descanso é uma excelente ideia motivacional, mas oferece apenas a transformação de uma condição. As opções de compra de ações também são maravilhosas, porém só oferecem a transformação de uma circunstância. A fim de reproduzir em organizações seculares o sucesso monástico nos negócios, precisamos oferecer a funcionários, *stakeholders* e até mesmo clientes a oportunidade da mesma transformação do ser que toda figura heroica precisa alcançar. Hoje, a tendência mais estimulante nos negócios é a ênfase na liderança autêntica e nas tendências autênticas, e autenticidade significa transcender individual e coletivamente o egoísmo por meio de uma transformação do ser.

3

O FIM DO EGOÍSMO

Eu estava no segundo ano da faculdade em 1972 e, com algum esforço e genuína sorte, consegui quatro assentos na primeira fileira para assistir a um concerto dos Rolling Stones. Demos uma longa festa na noite que antecedeu esse evento sagrado na qual só tocamos músicas deles, e meus três amigos e eu chegamos ao concerto decorados com pinturas no corpo e vestindo camisetas com a imagem do álbum *Sticky Fingers*, confeccionadas em casa. Eu também usava uma cartola vermelha, branca e azul, do Tio Sam, em alusão à turnê anterior do grupo, quando Mick Jagger usara um chapéu semelhante.

Pouco antes do início do concerto, uma pessoa que trabalhava com o grupo foi até a frente do palco, inclinou-se e falou com um forte sotaque britânico:

— Mick quer usar o seu chapéu.

Momentos depois, os Rolling Stones pulavam no palco, e Jagger usava o *meu* chapéu. Fiquei tão delirante de alegria que realmente não me importei quando, durante um bis de "Jumpin' Jack Flash", meu chapéu passou girando sobre minha cabeça rumo à multidão, que imediatamente o fez em pedaços. Não me importei, porque Mick Jagger tinha usado o *meu* chapéu.

Mas, quando caminhávamos para o carro depois do concerto, aconteceu uma coisa engraçada. Sentia-me desapontado e decepcionado, de uma maneira que não conseguia entender. Era uma vaga sensação de "E agora vem o quê?" ou "Para onde vou deste ponto em diante?", e ela perdurou durante quase duas semanas, antes de gradualmente se dissipar.

Na ocasião, não consegui entender esse sentimento de profundo desapontamento, e ele me deixou tão ansioso que nem quis insistir. Mas acho que hoje eu o compreendo. Assistir aos Rolling Stones da primeira fileira, com Mick usando meu chapéu, deveria ter algum significado. Deveria transformar minha vida, me transformar. A experiência deveria ter me tornado uma nova pessoa, impelida de modo permanente rumo a um nível inteiramente novo de existência.

Em vez disso, quando a euforia se dissipou, sabia que nada de essencial tinha mudado. Eu era o mesmo velho eu, debatendo-me com os mesmos velhos problemas e trivialidades mundanas, aprisionado nos mesmos velhos receios e inseguranças. Depois de um vislumbre do céu, ali estava eu, de volta à terra. O pior de tudo era que, com apenas 20 anos, sombriamente senti, como se no reflexo de um espelho, que aquela ávida expectativa, seguida de um inevitável desapontamento, poderia muito bem se tornar o padrão de minha vida.

O poder da paixão

EU ALMOÇAVA COM um dos meus clientes, o CEO de uma empresa de porte médio em ritmo galopante de crescimento, quando casualmente perguntei qual era a descrição do cargo dele.

Ele sorriu e respondeu:

— Bem, se você me acompanhasse de um lado para o outro, provavelmente acharia que eu faço muitas coisas. Mas só tenho uma função. Eu crio paixão. Quase todos acreditam que o talento anda escasso. Mas os jornais estão repletos de histórias a respeito de pessoas comuns que fazem milagres quando algo com que realmente se importam sofre algum tipo de ameaça. O talento não está escasso. A paixão é que está. Minha função é mostrar às pessoas que vale a pena fazer o que estamos fazendo. Eu apresento os porquês, para que nosso pessoal possa dizer como resolvê-los. Uma vez que a paixão estiver em vigor — continuou ele com um grande sorriso —, minha função se torna insistir para que as pessoas tirem suas férias e tentem ficar fora do caminho.

Louis R. Mobley, meu mentor e um dos líderes da IBM Executive School nas décadas de 1950 e 1960, certamente concordaria com isso. Ele dizia com frequência que a tarefa da gestão é criar organizações de alto nível obtendo resultados extraordinários de pessoas comuns. Argumentava que liderança não consiste em fazer coisas; antes, consiste em apresentar uma missão que valha a pena ser cumprida. "Ora", ele diria com um sorriso, "se estivermos fazendo as coisas erradas, 50% a menos de eficiência ao realizá-las já nos deixaria em melhor situação."

Mobley considerava *missão* o "espírito do empreendimento", e dizia que uma missão que valesse a pena, adequadamente articulada, estimularia pessoas comuns na obtenção de resultados extraordinários, até mesmo bombásticos. Ele era tão inflexível a respeito da importância da missão, que criou um modelo de gestão *teleocrático*, ou "acionado por propósito", para substituir o paradigma burocrático ou movido por "políticas e procedimentos", ainda tão predominante hoje em dia.

Os 1.500 anos da velha tradição monástica e os extraordinários feitos nos negócios dos monges da Abadia de Mepkin demonstram a importância da missão — não apenas para a paixão necessária ao sucesso, mas também, o que é mais importante, para o sucesso sustentável que todas as organizações almejam, sejam elas religiosas ou seculares.

Como discutimos no Capítulo 1, o que a missão monástica oferece, tanto aos futuros monges quanto aos milhares de pessoas que afluem aos mosteiros para compartilhar temporariamente seu estilo de vida, é a oportunidade da transformação. A tradição monástica sobrevive e os negócios monásticos prosperam porque — ao contrário do concerto dos Rolling Stones — a missão monástica oferece a oportunidade de uma permanente experiência transformadora, uma "mudança de atitude" que nos alça para fora de nós mesmos e de nossos insignificantes interesses por meio de um modelo de gestão teleocrático que venho chamando de *serviço e altruísmo*.

Quer o percebamos, quer não, uma permanente transformação do ser é, em última análise, o que todos de fato queremos, e essa transformação do ser, seja ela pessoal ou organizacional, é uma transformação de egoísmo em altruísmo. Esse anseio de transformação é tão básico na natureza humana, que, quando as organizações se conectam com ele por intermédio da sua missão e metodologia, as pessoas reagem com o mesmo zelo e "atitude de devoção", com relação ao seu trabalho, que repousa no âmago do sucesso dos negócios monásticos.

Embora possa parecer que desejamos uma vida fácil de satisfação de desejos e gratificação imediata, se fizermos um exame mais atento, provavelmente teremos de admitir que os momentos nos quais estamos mais satisfeitos são aqueles em que altruisticamente nos sacrificamos por algo eminentemente valioso. Agimos como se a felicidade residisse na realização de nossos desejos egoístas, mas passamos a maior parte do tempo livre tentando "nos esquecer de nós mesmos" e "nos perder" em distrações ou devaneios. Nosso idioma também está repleto de frases como "perdido em pensamentos" ou "absorvido em uma tarefa", que exemplificam o anseio humano pelo altruísmo.

Por outro lado, a associação com o termo "autoconsciência" sempre é carregada de negatividade. Associamos autoconsciência com o medo de nos colocar em evidência ou a sensação de incapacidade em "nos desligar" ou "deixar de nos atrapalhar". Nada estraga mais rápido uma festa, um filme, um discurso, uma tacada de golfe ou o ato sexual do que ser autoconscientemente incapaz de "se perder" ou "esquecer de si" na atividade. O senso de egoísmo do eu é tão doloroso, que se descreve com frequência a vida moderna como uma busca implacável por distração altruísta ou "descuidada". E distração, por definição, é algo em que "nos perdemos" para que possamos "esquecer de nós mesmos". Mas o problema da distração é que ela é tão efêmera quanto um concerto dos Rolling Stones. Mais cedo ou mais tarde, temos de nos "voltar a nós mesmos" com uma sensação de perda e arrependimento injustificáveis. É por esse motivo que a busca incessante da distração não raro conduz a um crescente tédio e à sensação deprimente de que o "mundo é demais conosco".* Não é o mundo que é demais conosco, e sim nós mesmos.

A dor da autoconsciência e a busca por formas novas e cada vez mais esquivas de distração exemplifica que é o altruísmo, e não o egoísmo, o que todos desejam. A distração, pelo menos por um momento, transforma-nos de pessoas egoístas em altruístas.

Somos mais felizes e produtivos quando o senso de tempo desaparece e nos esquecemos de nós mesmos. Esse não é um estado de inconsciência. É o estado de espontaneidade muito cobiçado, no qual todo arremesso de bola acerta a cesta e toda visita de representante resulta em uma venda. A mágica da espontaneidade demonstra, a cada vez, que bem no fundo todos ansiamos por uma "fuga" da prisão do egoísmo. Na verdade, de fato ansiamos por uma permanente transformação do ser de egoísta em altruísta — o estado permanente e harmonioso de espontaneidade que artistas, monges trapistas e mestres zen tanto se esforçam para descrever. O que queremos é uma missão tão boa, pura e indispensável, na qual pudéssemos "nos perder" altruisticamente e à qual "nos entregar" de maneira intensa, completa, espontânea e sem reservas. E qualquer organização, como a Abadia de Mepkin, repleta de pessoas entusiasmadas que servem com altruísmo e espontaneidade uma missão de mérito, está destinada a ser um tremendo sucesso.

Serviço e altruísmo: um estudo de caso corporativo

MEU PRIMEIRO MESTRE, um homem simples da Virgínia ocidental, frequentemente dizia que colher os benefícios do serviço e do altruísmo significava dominar o "hábito de se tornar propenso a acidentes". Em consideração à delicada sensibilidade dos meus amigos do setor de seguros, uso, em vez disso, o termo "felizes acasos". E foi por causa de um feliz acaso, que ocorreu por ter conseguido *mirar além do alvo*, que obtive um emprego temporário há muitos anos na Yext Corporation, estabelecida em Nova York. Embora

---

* Tradução literal de "The World Is Too Much with Us", do grande poeta inglês William Wordsworth (1770-1850), em que ele critica o mundo da Primeira Revolução Industrial por estar absorto no materialismo e se distanciando da natureza. (N. dos T.)

depois disso a Yext tenha se expandido em outros negócios, na época estava voltada exclusivamente a uma área em enorme desenvolvimento: propaganda baseada em desempenho, acionada pela internet.

Tive a exclusiva oportunidade de trabalhar para a MTV quando ela iniciou suas atividades, em 1981, e a cultura corporativa da Yext tinha a mesma aparência e atmosfera. O CEO e o presidente, recém-chegados de duas *start-ups* bem-sucedidas, estavam pela idade "avançada" dos 28 anos. Os mais ou menos sessenta funcionários eram ainda mais jovens — a maioria tendo acabado de sair da faculdade. Apinhados em um escritório que parecia um depósito, tendo apenas o essencial, com o piso de vigas de carvalho, a empresa mal tinha dois anos de existência, crescia exponencialmente e possuía aquela energia bizarra que me faz lembrar da infância da MTV e do período em que atuei como empresário.

Jim Collins, meu chefe e mentor no que é hoje a A&E Network, certa vez me disse:

— Augie, quando pegar uma nova tarefa ou atribuição, contrate alguém, demita alguém, reorganize a mobília... Mas, não importa o que fizer, faça rápido.

Em seguida, ele abriu um sorriso.

— E, por sinal, se o que fizer puder dar dinheiro, melhor ainda.

Embora eu tivesse sido contratado como consultor pela Yext, sabia que seus fundadores não eram o tipo de sujeitos que pagavam por "conselhos". Eram empreendedores até a alma, e, embora minhas instruções não fossem tão precisas (eu deveria ajudar a empresa a "ganhar escala"), sabia que tinha que causar impacto com rapidez, sem, no entanto, fazer nada que detivesse o grande ímpeto com que a empresa avançava.

A maioria dos funcionários da Yext era representante de vendas que fechava pequenos negócios por telefone, e, poucos dias depois, requisitei a sala de reuniões para fazer uma série de testes sobre algumas ideias que vinha tendo para incrementar a receita, definir metas e expandir a equipe de vendas. O presidente me emprestou quatro representantes de vendas para esses testes, entre eles a celebridade da empresa, um jovem chamado Alan. No entanto, apesar de exibir todo o charme que consegui reunir, Alan e eu não nos demos bem quase de imediato.

Ninguém detesta mais aumentos de preço, mudanças na abordagem de vendas, mudanças no modelo de vendas, pequenas mudanças — ou qualquer tipo de mudança — do que um profissional de vendas. E nenhum profissional de vendas que já conheci apresentou tanta resistência quanto Alan. Ele era arrogante, obstinado e simplesmente impossível de ser treinado, e seu estilo arrojado de vendas era rude, agressivo, presunçoso e abusivo para com os clientes. Ele me fazia recordar um velho ditado a respeito dos generais: o que não se pode conseguir pela força pode se conseguir com ainda mais força.

Depois de um dia particularmente difícil, enfim mencionei minhas dificuldades para o presidente da empresa. Ele apenas sorriu e me disse para esquecer o assunto. Alan era um filho da mãe, mas era o "filho da mãe deles". Era cordialmente detestado e não tinha nenhum futuro na empresa, mas, enquanto continuasse a arrecadar muito dinheiro, a política da companhia era contornar a situação. Sendo assim, foi o que tentei fazer.

Apesar da resistência de Alan, uma das coisas que emergiu dos testes foi um possível novo fluxo de receita para a empresa. A propaganda baseada em desempenho significava que, ao contrário das Páginas Amarelas ou de outros modelos tradicionais de propaganda, os dezenas de milhares de pequenas empresas que formavam a carteira de clientes da Yext só pagavam uma taxa quando recebiam um telefonema qualificado de um novo cliente. A Yext rastreava esses telefonemas em todos os tipos de atividades, como oficinas, pedicuros e veterinários, e, somente quando um telefonema era bem-sucedido, a taxa era cobrada do cartão de crédito do cliente.

Entretanto, a Yext oferecia de forma gratuita diversos serviços de apoio, e os testes indicaram enfaticamente que os clientes pagariam de boa vontade uma taxa mensal por esses serviços. Assim como uma conta de TV a cabo, uma taxa mensal propiciaria um fluxo de receita recorrente para complementar o modelo existente da empresa de vendas variáveis. Além disso, não há nada melhor que uma receita recorrente para energizar Wall Street a fim de uma futura oferta pública inicial de ações.

Duas semanas depois de começar a trabalhar na Yext, apresentei os resultados do meu teste para o CEO e o presidente no final da tarde de uma sexta-feira. Na segunda-feira de manhã, fiquei horrorizado ao descobrir que, durante o fim de semana, todos os códigos de faturamento haviam sido implantados, um boletim informativo tinha sido enviado à base de clientes, o interruptor fora acionado, milhares de cartões de crédito cobrados, e centenas de milhares de dólares de receita recorrente afluíam para a conta bancária, diretamente a caminho do resultado final.

"Meu Deus", pensei de súbito, "não poderíamos ter testado mais ou menos uns quinhentos para ter certeza de que a carteira de clientes não vai cair fora?" Deleitando-se com minha reação horrorizada à brincadeira deles de meninos travessos, ambos riram e me disseram para relaxar: conheciam os clientes, e haveria poucas baixas, quem sabe até mesmo nenhuma. Horas depois, ficou claro que estavam certos. Mas eu não relaxei. Na realidade, minha ansiedade aumentou.

Trabalhei em dezenas de corporações ao longo dos anos e eu mesmo fundei algumas. Se existe alguma verdade no Princípio Dilbert de que gerentes autocráticos vociferam ordens enquanto funcionários encolhidos de medo se apressam para cumpri-las, até hoje não a encontrei. O que realmente me preocupava não eram os clientes existentes, e sim a equipe de vendas. Acionar o interruptor sobre os clientes vigentes é uma coisa, mas fazer com que cinquenta representantes de vendas recém-saídos da faculdade cobrem por uma coisa que sempre deram de graça é outra bem diferente. Para piorar as coisas, não havia nenhum plano para aumentar as comissões ou reduzir as cotas de vendas com base nesse novo desafio.

Sabia que, se os representantes de vendas fincassem o pé e "boicotassem" a iniciativa da nova taxa, e a produção de vendas despencasse, seria a taxa — e, por extensão, eu — que levaria a culpa. Nada era mais importante para a empresa do que a velocidade nas vendas, e, por mais interessante que a taxa de receita pudesse ser, ela não sobreviveria a um motim da equipe de vendas.

Montei às pressas um novo plano para a implementação e me ofereci para treinar pessoalmente a equipe de vendas. Como esperava, meus argumentos para a taxa foram recebidos com um ceticismo sinistro e um silêncio ainda mais sombrio. As coisas ficaram tão tensas durante a terceira ou quarta sessão de treinamento, que cometi um erro. Interrompi uma jovem representante de vendas chamada Amy no meio de uma frase com uma leve repreensão por ela demonstrar "negatividade".

Na hora, não pensei muito no assunto, mas na manhã seguinte Amy me deu um gelo. Senti-me muito mal. Tentei falar com ela algumas vezes, mas Amy insistia com determinação em afirmar que não havia "nada" errado. Quando mencionei o fato para o presidente e o vice-presidente de vendas, ambos não deram atenção a ele, comentando apenas: "Ela vai superar". Mas aquilo continuou a me incomodar.

Ao voltar de outra sessão de treinamento, passei pela mesa de Alan. Sem pensar, perguntei se poderia conversar com ele em particular. Disse-lhe que precisava muito de sua ajuda. Contei a ele o que tinha acontecido entre mim e Amy, e como vinha me sentindo mal a respeito daquilo. Como ela estava na equipe dele, perguntei-lhe se estaria disposto a interceder em meu favor. Será que ele poderia dizer a Amy quanto eu gostava dela e que eu realmente sentia muito pelo que ocorrera?

De repente, os olhos dele se arregalaram, as rugas tensas em sua testa se desfizeram, e ele me deu um sorriso infantil que jamais desconfiei que pudesse dar. Batendo com força no meu ombro, ele exclamou:

— Não se preocupe, Aug. Farei isso por você!

Bem cedo na manhã seguinte, Amy me cumprimentou calorosamente, e trinta minutos depois ofereci a Alan uma grande caixa de biscoitos junto com um bilhete escrito à mão, expressando minha gratidão.

No dia seguinte, Alan entrou na minha sala e pediu para falar comigo. Para minha surpresa, ele me disse que compreendia que era uma pessoa muito egoísta e difícil. Não era apenas profissionalmente, afirmou. A vida dele era um completa bagunça. Com os olhos azuis cheios de lágrimas, confessou-me que tinha consciência de que deveria mudar, mas não sabia como, e perguntou se eu o ajudaria. Embora ambos estivéssemos trabalhando por longas horas, imediatamente concordei, e começamos a nos encontrar em segredo no início da noite para sessões de *coaching*.

Uma semana depois, a equipe de vendas começou a vender a nova taxa. Implantamos alguns incentivos para que os clientes pagassem à vista, e as primeiras taxas foram vendidas sem incidentes. Comecei a relaxar, e tinha acabado de voltar à minha sala para responder a alguns e-mails, quando um grito ensurdecedor me fez correr até a porta. Olhando por cima de um mar de cabeças na grande "arena" de vendas, consegui ver bem a tempo uma jovem ficar em pé de um salto, arrancar os fones de ouvido e dizer a todo mundo que havia por perto que acabara de perder uma grande venda na qual vinha trabalhando durante meses por causa da "droga da taxa do Augie".

Todos ficaram paralisados, e a atmosfera ficou pesada. Trinta anos de experiência me disseram que as coisas iam se deteriorar com rapidez. Sabia que deveria agir de imediato para reverter a situação, mas meus trinta anos de experiência não funcionaram. Fiquei paralisado também. De repente, do nada, Alan apareceu. Ele teve uma breve conversa com a irada representante de vendas, mas eu estava longe demais para ouvir o que eles falavam. Em seguida, ele se sentou à mesa dela, pegou os fones de ouvido que ela arrancara e telefonou para o provável comprador. Vários minutos depois, o negócio estava fechado, e ele incluía a "droga da taxa do Augie". Em seguida ele se levantou, deu-lhe aquele mesmo sorriso que me seduzira, abraçou-a e voltou humildemente para sua mesa do outro lado da área de vendas.

Instantaneamente, como um trem enguiçado que de repente volta a funcionar, todos retomaram o trabalho. Alan não sabia que eu o observava, mas seu ato de serviço altruísta não apenas salvou uma venda e modificou uma situação tensa, como também eliminou para sempre a resistência na equipe de vendas. Alan literalmente ganhou milhões para a empresa no intervalo de alguns minutos por meio de um gesto altruísta, e aquilo me afetou de tal maneira que a primeira coisa que fiz, quando enfim consegui controlar meus batimentos cardíacos, foi escrever um e-mail dizendo exatamente isso ao presidente e ao CEO, com cópia para Alan. Aquele garoto de 24 anos, que apenas algumas semanas antes eu considerava impossível de "ser treinado", acabara de me livrar de uma tremenda enrascada.

Alguns meses depois, meu contrato terminou e estava na hora de ir embora. Deram uma festa em um dia de semana à noite, e fiquei emocionado porque todos compareceram. Muitos dos representantes me confessaram em particular que eu fizera diferença na vida deles, e isso significou muito para mim. No entanto o ponto alto da noite foi apenas me sentar ao lado de Alan. Àquela altura, seu sorriso infantil se tornara um item do ativo fixo da Yext, e durante mais de uma hora compartilhamos histórias a respeito de conflitos da época em que eu fora trabalhar na empresa. Depois que Alan e eu nos abraçamos e nos despedimos, o presidente me pegou pelo braço e me puxou para o lado.

— Eu estava passando pela mesa do Alan hoje — disse ele —, e a proteção de tela dele é uma foto sua. Perguntei o que significava aquilo, e ele respondeu: "Quero Augie na minha frente o tempo todo como inspiração para o tipo de pessoa que desejo ser um dia".

Alguns meses depois, recebi um telefonema da Yext. Tinham vendido uma parte da companhia para alguns capitalistas de risco por um valor magnífico. Durante essa conversa, tomei conhecimento de que a mais que generosa doação de ações que eu recebera pelo meu trabalho acabara de ser valorizada em mais de 600%.

⌑

NADA DISSO FAZIA parte de um plano. Nunca esperei me conectar com o anseio de transformação de um jovem com resultados tão expressivos. Na verdade, foi somente dezessete meses depois de voltar de Nova York que as lições de serviço e altruísmo da minha experiência aos poucos se tornaram claras para mim. Além do benefício financeiro, a Yext obteve um representante de vendas muito mais eficaz e um funcionário que já foi promovido e está programado para outras promoções. Os pedicuros recebem novos pacientes, pés doloridos são aliviados e talvez um ou dois cachorros tenham sido poupados de um ou dois chutes de um dono que poderia estar sentindo dor no pé. Os efeitos propagadores do serviço e do altruísmo são potencialmente infinitos.

A primeira lição monástica, nesse caso, é sempre *mirar além do alvo*. Meu trabalho voluntário com estudantes universitários me colocou nessa roda-viva de uma maneira que nunca poderia ter esperado. Dois executivos da Yext eram ex-estudantes, e esse "feliz acaso" resultou na minha oportunidade com a empresa.

A segunda lição é fazer tudo o que fazemos com a "atitude de devoção" de um monge. Teria sido fácil evitar Alan e esperar que Amy superasse a situação, mas, não importa o que os outros pudessem pensar, a Yext merecia o que havia de melhor em mim, e na verdade não consegui apenas deixar para lá.

Terceiro, o serviço e o altruísmo precisam se tornar habituais, automáticos e quase instintivos. Ainda não sei o que me impeliu a pedir a ajuda de Alan e, como um excelente vendedor que faz a grande abordagem de vendas da sua vida, fiquei impressionado na ocasião ao ouvir o que saía da minha boca.

O quarto segredo é *agir em primeiro lugar*. Ao me comportar com humildade diante de Alan, inverti a equação de poder ao oferecer minha vulnerabilidade de 57 anos a um jovem de 24 em seu primeiro emprego. Isso, por sua vez, deu a ele o espaço de que precisava para expor a própria vulnerabilidade. Fui capaz de entrar em contato com ele por meio desse gesto de confiança com tamanha eficácia, que nenhuma outra via lógica, com ou sem ameaças, teria alcançado. Para obter a condição de possibilidade de treinamento, tive que oferecê-la primeiro. Precisamos ter a coragem de oferecer primeiro o que quer que desejemos dos outros.

A quinta lição é ter confiança suficiente para "acreditar no processo". Não havia nenhuma garantia de que Alan reagiria como reagiu. Toda a minha experiência anterior com ele indicava exatamente o oposto. Na realidade, corri um enorme risco. Ainda estava no começo da minha permanência na Yext, e, se Alan tivesse rejeitado meu pedido, ele poderia facilmente ter espalhado pela empresa que "esse suposto 'especialista' muito bem remunerado precisou da minha ajuda para lidar com uma garota de 23 anos".

A autenticidade e a sinceridade são a sexta lição. Apesar dos conflitos, eu realmente me importava com Alan. Levei o fato de não nos darmos bem para o lado pessoal, e bem no fundo o considerava uma falha da *minha* parte, não da dele. O mesmo se aplicava a Amy. Sinceramente, senti-me muito mal e fui motivado por pouco mais que um desejo sincero de reparar uma falta.

A sétima lição é admitir nossos erros. Cometi um erro com Amy e o assumi, apesar do conselho que recebi para que fizesse o contrário. O corolário é, na realidade, que todo problema é uma oportunidade. Analisando agora, minhas dificuldades com Amy desempenharam papel fundamental no que acabou acontecendo.

Enfim, se nos concentrarmos em nossa missão de serviço e altruísmo, as recompensas, entre elas as financeiras, cuidarão de si mesmas. Em algum momento, com a ajuda dos monges de Mepkin, transformei-me em alguém cujo maior prazer é ver os outros alcançarem o sucesso. E parece que, quanto menos me preocupo com o dinheiro, mais dinheiro eu ganho.

A dificuldade está nos detalhes. Essa afirmação é em particular verdadeira quando se trata de fazer com que o poder transformacional do serviço e do altruísmo funcione em um ambiente corporativo. Neste estudo de caso, um simples gesto oferecido, de modo altruísta, para uma única pessoa significou milhões de dólares para o resultado final.

4

OS *GOAT RODEOS** E A ORGANIZAÇÃO TRANSFORMACIONAL

Em meados da década de 1990, passei muito tempo perambulando pelos prédios corporativos da Microsoft em Redmond, no estado de Washington, desenvolvendo a aliança estratégica que desempenhou um papel tão fundamental na história de minha própria empresa. Sempre aguardava com prazer essas incursões — e não apenas pela Cherry Coke oferecida nas salas de descanso, que ainda não estava disponível no leste. Era porque todo funcionário que eu encontrava estava entusiasmadíssimo com a Microsoft e sua missão. Dez minutos naquele lugar me faziam sentir dez anos mais jovem. Fazia-me lembrar até de uma época em que senti uma empolgação coletiva semelhante por uma jovem *start-up* que estava prestes a lançar a MTV: Music Television.

Como crianças que abandonam avidamente a cama aconchegante para dormir na casa de um colega, os funcionários da Microsoft dormiam sob a própria mesa de trabalho — aparentemente, só pelo prazer da aventura. Estava tão fascinado pela cultura semi-insana que alimentava o fabuloso progresso da

---

* Tradução literal: "rodeio de bodes". "Situação caótica, quase sempre envolvendo várias pessoas, cada uma com uma agenda/visão/compreensão diferente a respeito do que está acontecendo; situação extremamente difícil, que resiste a qualquer tentativa de inculcar ordem ou bom senso, por maiores que sejam a energia e os esforços empenhados" (*Urban Dictionary*). (N. dos T.)

Microsoft que um dia perguntei a um adepto particularmente fervoroso dessa religião secular qual era seu segredo.

— São os *goat rodeos*! — respondeu ele.

— O que é um *goat rodeo*? — perguntei, de repente tomando consciência de nossa diferença de idade.

— Bill Gates telefona às seis horas da tarde de uma sexta-feira. Ele quer apresentar seu produto em uma feira comercial de Tóquio na segunda de manhã para 10 mil pessoas. O produto está pela metade e cheio de *bugs*, mas você e sua equipe trabalham como maníacos o fim de semana inteiro e, de algum modo, você consegue entregar a coisa para ele funcionando. Bill sobe na plataforma e simplesmente arrasa. Isso é um *goat rodeo* — ele explicou, em um tom de voz ainda mais agudo e com crescente ferocidade. — E, depois de participar de quatro ou cinco *goat rodeos*, você passa a ser respeitado na Microsoft.

Embora admita carecer de talento para a linguagem desse rapaz, eu argumentaria que o que ele descreveu com tanta exuberância como *goat rodeo* é o que chamamos de oportunidade de transformação. O verdadeiro segredo do crescimento bombástico da Microsoft era o fato de Bill Gates e sua equipe executiva terem conseguido unir a missão corporativa a essas experiências transformacionais. A linhagem da Microsoft produziu tantos funcionários milionários, que, com o tempo, a expressão "milionário da Microsoft" era livremente utilizada na imprensa, mas não consigo me lembrar de uma única pessoa, durante dezenas de viagens ao longo de vários anos, que um dia tenha mencionado a palavra "dinheiro". Não estou argumentando que o dinheiro (ou a Cherry Coke) não importa; apenas afirmo que a missão e a oportunidade de ser transformado por meio do serviço a essa missão são muito mais importantes.

É bastante duvidoso que Bill Gates tenha percebido esse fato, mas o segredo do sucesso inicial da Microsoft foi ela ter sido, pelo menos durante algum tempo, o que chamamos de *organização transformacional*.

Os dois tipos de organizações transformacionais

COMO MENCIONAMOS ANTERIORMENTE, existem dois tipos de organizações transformacionais. Os mosteiros, os Alcoólicos Anônimos (AA), o Corpo de Fuzileiros Navais e a IBM Executive School, liderada por Louis Mobley, são conscientemente transformacionais porque expressam com clareza a transformação do ser, logo de pronto, como parte de sua missão.

Muitas *start-ups*, por outro lado, são inconscientemente transformacionais porque — assim como a Microsoft nos seus primeiros anos — oferecem oportunidades transformacionais por acaso, sem que a direção executiva as expresse com clareza ou os *stakeholders* corporativos as entendam de modo consciente. Duvido seriamente, por exemplo, de que os *goat rodeos* tenham, algum dia, sido mencionados na declaração de missão ou no manual dos funcionários da Microsoft. No entanto, seja de maneira consciente ou inconsciente, o que todas as organizações transformacionais compartilham é uma cultura não convencional, de *goat rodeos*, que é o verdadeiro segredo de seu sucesso.

Entretanto, o problema das organizações inconscientemente transformacionais é que essa mentalidade de *goat rodeo* esmorece à medida que a organização cresce. O Google, por exemplo, tentou combater a deserção em massa por meio de bonificações generalizadas e grandes aumentos de salário. No entanto, embora eu sempre fique feliz ao ver pessoas ganharem mais dinheiro, iria me surpreender se o dinheiro por si só causasse muito efeito nas deserções. No capítulo anterior, conhecemos a Yext Corporation. A Yext está repleta de desertores do Google, e nenhum deles deixou o Google por razões financeiras. Na realidade, estão trabalhando mais por menos dinheiro. Foram embora porque o Google havia se tornado acomodado e desinteressante. Haviam deixado de sentir aquele relacionamento íntimo com a missão do Google, que costumava trazer à tona o que havia de melhor neles porque acreditavam que "estavam fazendo uma diferença". Foram embora porque o Google não oferecia mais *goat rodeos*.

Em um comunicado à imprensa, o Google declarou que estava oferecendo dinheiro porque era isso que as pesquisas de opinião haviam dito que os funcionários queriam. Eu apresentaria esse fato como exemplo do que está errado com as pesquisas de opinião. Como mencionei antes, prescindimos de pesquisas de opinião e optamos por votos monetários em minha empresa exatamente porque o que as pessoas dizem que querem e o que elas de fato querem é, com frequência, muito diferente. O meu palpite é de que o pessoal do Google não sabia realmente o que lhe faltava e, na ausência de outra opção, optou pelo dinheiro. Se estiver correto, o Google agora corre o risco de acabar com funcionários que permanecem na empresa pelos motivos errados.

Quando observamos organizações que são conscientemente transformacionais, como os mosteiros, o Corpo de Fuzileiros Navais ou os Alcoólicos Anônimos (AA), encontramos pessoas empenhadas a ponto do fanatismo, que, apesar de em missões inteiramente diferentes, não raro exibem um total desprezo pelas alavancas tradicionais das quais os líderes se valem para produzir um envolvimento entusiasmado dos funcionários. Os monges fazem um voto de pobreza. Os AA são uma organização completamente autoadministrável, de baixo para cima, cujo pessoal é composto por voluntários que não buscam reconhecimento — aliás, insistem no anonimato. Ninguém ingressa no Corpo de Fuzileiros Navais pelo dinheiro ou reconhecimento pessoal. As pessoas o fazem pela oportunidade de ser parte de algo bem maior do que elas mesmas.

Ao contrário dos anúncios de outras divisões das forças armadas, os anúncios do Corpo de Fuzileiros Navais nunca oferecem transformações de circunstância, por exemplo, benefícios educacionais, treinamento para uma futura carreira ou mesmo a chance de "ver o mundo". O Corpo de Fuzileiros Navais oferece apenas a oportunidade de a pessoa ser um "dos poucos, dos orgulhosos, fuzileiros navais". No entanto, os fuzileiros navais são a única divisão das forças armadas que, até mesmo em tempos de guerra, sistematicamente excede suas metas de recrutamento. Na área de negócios, sabemos que a melhor forma de marketing é o boca a boca, e que nenhum boca a boca pode se comparar a dezenas de milhares de ex-fuzileiros gritando *Semper Fi!*" e "Uma vez fuzileiro, sempre fuzileiro!" para qualquer pessoa que esteja por perto — um boca a boca, aliás, que não tem nenhum equivalente entre os veteranos do Exército ou da Marinha.

Do mesmo modo, os adeptos do programa dos Doze Passos dos AA que tive a honra de conhecer são tão gratos pela sua transformação, que descrevem a si mesmos como "Alcoólicos Agradecidos". São gratos porque, sem o vício, jamais teriam passado pela experiência transformadora dos Alcoólicos Anônimos.

Esse é o poder de transformação, e, como vimos na história da Microsoft descrita anteriormente, as entidades corporativas também podem fazer uso desse espírito.

Ao contrário do sucesso inconscientemente transformacional das histórias de sucesso corporativo, que em geral tem curta duração, as organizações conscientemente transformacionais exibem uma incrível capacidade de prosperar ao longo de extensos períodos. As missões são tão irresistíveis que ou essas organizações atraem o talento de liderança de que precisam ou, como no caso dos AA, pessoas entusiasmadas inventam maneiras de liderar a si mesmas.

A Organização Conscientemente Transformacional

Apesar das óbvias diferenças relacionadas com suas missões específicas, todas as organizações conscientemente transformacionais têm três fatores em comum:

1. Uma missão elevada e abrangente digna de ser servida de maneira altruísta.
2. A transformação pessoal como parte da missão.
3. Metodologia para promover a transformação.

A missão dos fuzileiros navais, por exemplo, é servir ao país, ao Corpo de Fuzileiros e a seus companheiros. Os monges servem a Deus, à comunidade e a seus semelhantes. O paradoxo da essência da missão dos AA é que a melhor maneira de permanecer limpo e sóbrio é ajudar, de maneira altruísta, outras pessoas a permanecer limpas e sóbrias. Apesar da natureza tecnológica de seu negócio, a missão da IBM Executive School de Mobley era desenvolver, de modo altruístico, o pessoal da IBM e servir aos clientes.

Depois, cada uma dessas organizações oferece nitidamente a transformação do ser, logo de pronto. Você não aprende a ser um monge, um fuzileiro, um ser humano sóbrio, um líder ou até mesmo um golfista lendo um livro ou fazendo um curso. Você precisa *se tornar* um deles.

Por fim, seja por intermédio da Regra de São Bento, do campo de treinamento dos fuzileiros navais, do programa dos Doze Passos ou da escola experimental de executivos de Mobley, toda organização conscientemente transformacional tem uma metodologia formal para transformar as pessoas. O monge ingressa no mosteiro como um postulante e gradualmente se torna um monge. O rapaz ou a moça ingressam no Corpo de Fuzileiros como recruta e gradualmente se tornam um fuzileiro. Os Alcoólicos Anônimos recebem viciados e, com o tempo, os transformam em alcoólicos em recuperação. Mobley pegava gerentes e os transformava em executivos.

O inter-relacionamento desses três elementos fundamentais, comuns a todas as organizações conscientemente transformacionais, é particularmente instrutivo nos AA. A maioria das pessoas acredita que a missão dos AA é livrar as pessoas do álcool. E, embora grande parte da literatura que cerca os Alcoólicos Anônimos afirme exatamente isso, peço permissão para discordar. A missão dos AA é transformar as pessoas, por meio do programa dos Doze Passos, em indivíduos altruístas que não precisam mais do álcool. Os AA, por exemplo, usam o termo "bêbado seco" para descrever a pessoa que fisicamente parou de beber, mas ainda não se transformou. Os bêbados secos são com frequência pessoas coléricas, irritadas, egoístas e deprimidas, e os AA as considera com alto risco de recaída. No caso dessa associação, a transformação é a meta, e a abstinência, o efeito, e não o contrário.

Se eu estiver correto, esse é um exemplo perfeito de *mirar além do alvo*. Para os AA, a abstinência é o subproduto de uma mudança de atitude: uma mudança de atitude que produz pessoas cujos interesses alheios são colocados, sistematicamente, na frente dos seus. Os Alcoólicos Anônimos demonstram, em mais um exemplo, que, quando encontramos a coragem de buscar primeiro o reino do altruísmo, o resto vem por si só.

⌗

APESAR DA REPUTAÇÃO de ser um inquestionável filme para mulheres, sou um grande fã de *O Diabo Veste Prada*. Uma das minhas cenas favoritas é aquela em que a personagem de Anne Hathaway corajosamente tenta explicar ao pai o que está fazendo com a própria vida. O pai demonstra todas as preocupações paternas típicas. Ele não consegue entender por que, depois de trocar a oportunidade de cursar a Escola de Direito de Stanford pelo sonho de se tornar jornalista em Nova York, ela se tornou uma humilde secretária na indústria da moda — uma indústria com a qual, como seu pai enfaticamente a faz lembrar, ela nem mesmo se importa.

Por diversas vezes, a personagem de Hathaway tenta, em vão, fazer com que o pai entenda que o que ela está aprendendo ou, mais precisamente, se tornando, é bem mais importante do que qualquer emprego ou mero conjunto de habilidades possa transmitir. Dizendo isso em uma linguagem ligeiramente mais técnica: a razão pela qual a personagem de Hathaway e o pai não conseguem se comunicar é o fato de ela estar pensando no *processo*, enquanto o pai está pensando no *conteúdo*. Ela fala sobre *goat rodeos*, enquanto o pai fala sobre a descrição de um cargo.

Como qualquer monge competente, a personagem de Hathaway tenta, metaforicamente, comunicar ao pai que, se ela buscar em primeiro lugar o reino de Deus, todas as outras coisas lhes serão acrescentadas.

Eliminando essa metáfora espiritual, o que ela efetivamente diz no filme é que seu aprendizado, sob a tirania de uma chefe inacreditavelmente exigente, equivale na vida a ter um canivete das forças armadas suíças. Esse conhecimento lhe possibilitará ser bem-sucedida em qualquer coisa que possa decidir fazer nos negócios ou em outros contextos.

A personagem de Hathaway não se satisfaz em ser competente em uma função; ela deseja ser competente na vida. Deseja ser *o melhor de si mesma* em todos os sentidos da palavra, e é exatamente isso que ocorre.

Fisicamente, ela começa como uma jovem desajeitada — até mesmo desmazelada. Ao longo do desenrolar da história, transforma-se em uma mulher confiante e simplesmente deslumbrante.

Profissionalmente, ela deixa de ser uma cabeça de vento principiante, que se despedaça sob a mais leve pressão, e se transforma em uma super-heroína que executa várias tarefas ao mesmo tempo; uma super-heroína que, com o tempo, derrota a chefe em seu próprio jogo ao pôr as mãos, de maneira sobrenatural, no mais recente livro de Harry Potter, antes mesmo de ele ser publicado. Sua metamorfose faz com que deixe de ser uma lagarta humana, incapaz de lidar com a pressão, e se torne uma borboleta humana que viceja sob pressão.

Psicologicamente, ela cresce tanto como pessoa, que *O Diabo Veste Prada* é um desses raros "filmes para mulheres" que não terminam em casamento. Ela supera em amadurecimento os amigos e até mesmo o namorado, de modo que, penosamente, ele precisa ser deixado para trás.

Espiritualmente, ela começa a buscar poder pessoal de modo egoísta, mas acaba, altruisticamente, desfazendo-se dele — livrando-se até mesmo das roupas em seu armário.

Aristóteles disse o seguinte: "Somos aquilo que fazemos repetidamente. Em decorrência, a excelência não é uma escolha, e sim um hábito". A excelência precisa se tornar quem nós somos, e é isso, exatamente, que ocorre à personagem de Hathaway enquanto ela percorre, com êxito, os estágios da jornada do herói. De modo lamentável, esse anseio por uma transformação radical é exatamente o que seu pai, seu namorado e seus amigos não conseguem entender.

A parte mais difícil da Jornada do Herói é o estágio do Deserto. O Deserto é tão desafiante que milhões de livros inspiradores de autoajuda são vendidos todos os anos com base na falsa premissa de que é possível passar por cima de todo o trabalho requerido pelo Deserto simplesmente "seguindo a sua bem-aventurança". Na realidade, não existem atalhos que contornem esse estágio — e as dificuldades nem sempre são óbvias. Para a personagem de Anne Hathaway, a parte mais difícil do Deserto não é a sua chefe implacável. É a alienação e a solidão que ela precisa sofrer porque ninguém, nem mesmo o seu pai, entende o que ela está fazendo e por que ela o está fazendo.

Não raro, é essa sensação de isolamento que torna o Deserto tão árduo. Qual é, por exemplo, a coisa mais difícil que um jogador de beisebol de uma liga secundária precisa suportar quando chega a meados da casa dos 20 anos e aquela convocação das grandes ligas ainda parece extremamente distante? Não é o baixo salário, as intermináveis viagens de ônibus, a alimentação à base de *fast-food* ou o extenuante treinamento coordenado pelo seu implacável treinador. É aquela cacofonia de vozes de amigos bem-intencionados, e talvez até mesmo da própria esposa, lembrando-lhe sem parar de que, "se você fosse conseguir, a esta altura já teria conseguido" e "siga adiante com a sua vida". É a agonia de ficar deitado na cama, noite após noite, em um hotel barato imaginando se eles não estarão certos — talvez a vida o esteja deixando de lado enquanto você persegue um sonho infrutífero e até mesmo arrogante. São essas inevitáveis noites sombrias da alma e, sim, até mesmo necessárias, que tornam o deserto tão difícil, e é por esse motivo que os monges rezam com tanto fervor pelo "discernimento" que os conduzirá à decisão certa.

Acho a cena entre a personagem de Hathaway e o pai tão comovente porque tive, muitas vezes, exatamente essa mesma conversa com meu pai e amigos bem-intencionados, quando protelei minha graduação na faculdade — na qual, aparentemente, vinha "me saindo tão bem" —, para me tornar um instalador de carpetes a fim de estudar zen-budismo durante cinco anos com um homem simples da Virgínia ocidental. O que para o meu pai era uma função de trabalhador braçal, comparável à de uma secretária, eu via como oportunidade de autodesenvolvimento.

Assim como a personagem de Hathaway e a indústria da moda, eu não tinha nenhum interesse na instalação de carpetes propriamente dita. Em vez disso, encarava a atividade como um aspecto intrínseco do meu treinamento zen-budista: uma oportunidade de superar meu medo de trabalhar com as mãos; uma maneira de permanecer em forma; uma habilidade "portátil" que me possibilitaria buscar mestres como Louis Mobley e outros com ideias afins; uma maneira de libertar minha mente para rezar e refletir sobre os mistérios da vida enquanto meu corpo, automaticamente, instalava os carpetes.

Tal como a personagem de Hathaway, comecei por baixo, na humilde função de auxiliar de instalador. Ao contrário dela, fui demitido duas vezes por cortar mais dedos do que carpete. Por fim, vi-me em Cleveland em pleno inverno, durante uma forte recessão no início da década de 1970. Morava em uma sorveteria abandonada onde entrava tanto vento que meu mestre zen a chamava de "*piano box*", além de estar na ocasião sem nenhum dinheiro, tendo sido demitido mais uma vez por ser "lento demais".

O papel de Meryl Streep como mentora inacreditavelmente exigente foi desempenhado, no meu caso, pela própria atividade de instalação de carpetes, mas, embora tenha passado noites sem dormir me perguntando se eu deveria desistir e "seguir adiante com minha vida" na faculdade, alguma coisa me refreou. Em vez de desistir, peguei as *Páginas Amarelas* e telefonei para todas as lojas de carpetes em um raio de oitenta quilômetros, mas fui rejeitado por todas elas. No entanto, depois de outra noite escura da alma, comecei a telefonar para cada uma delas novamente. Quando cheguei à letra K, o sr. Kilgore, da firma Kilgore Carpets, atendeu o telefone. Mal tinha começado a falar, ele me interrompeu:

— Ei — rosnou ele —, não falei com você na semana passada?

— Falou sim, senhor — respondi.

— Não lhe disse que não tenho nenhuma vaga? — disse ele, ainda mais irritado.

— Sim, o senhor disse — retruquei.

— Então por que cargas-d'água você está me incomodando de novo?

— Muitas coisas podem mudar em uma semana, senhor.

Ele ficou em silêncio por alguns instantes. Em seguida, uma voz perguntou suavemente:

— Quando pode dar um pulo aqui?

Graças à paciência do sr. Kilgore e à minha tenacidade, fui aos poucos transformado em um instalador de carpetes. E, quando chegou a hora de seguir adiante em busca de novos desafios, o sr. Kilgore disse que queria falar comigo. Ele estava abrindo uma nova loja e gostaria que eu fosse o gerente.

Embora tenha ficado comovido com a proposta, recusei. Trocamos um aperto de mão e me virei para ir embora, mas então ele me disse:

— Espere um instante. Ouça — prosseguiu com rispidez —, não sei para onde está indo ou o que vai fazer, mas quero que me prometa uma coisa: se os seus planos não derem certo, não seja orgulhoso demais para voltar aqui.

Assim como o pequeno sorriso que a personagem de Anne Hathaway recebeu de Meryl Streep no final de *O Diabo Veste Prada*, foi assim que o sr. Kilgore me deu sua "nota de aprovação". Como a personagem de Hathaway, minha tenacidade fora recompensada, e, assim como ela, saí de lá uma pessoa diferente. Continuei a instalar carpetes, mas como subempreiteiro, trabalhando para mim mesmo.

Quando examino minha carreira na área de negócios, devo mais o meu sucesso àquele *goat rodeo* da instalação de carpetes do que a qualquer outra coisa. A instalação de carpetes me ensinou como tratar os clientes, me promover, lidar com meu chefe, ficar atento aos custos, supervisionar funcionários, abrir crédito, fazer escriturações, emitir faturas, recolher títulos a receber e ainda como comprar um caminhão no dia 31 de dezembro para me qualificar para um incentivo fiscal da Receita Federal. Ao estudar o zen-budismo, por acaso dominei o zen-budismo dos negócios como subproduto de mirar além do alvo. Porém, a coisa mais importante que aprendi, tal qual a personagem de Hathaway, foi confiar em mim mesmo, sempre dar o melhor de mim e "nunca, jamais, desistir".

Assim como a personagem de Hathaway, fui em busca do Reino e acabei com um canivete das Forças Armadas suíças de habilidades e traços de caráter, que me recompensaram de milhares de maneiras que jamais poderia ter previsto. A instalação de carpetes foi um *goat rodeo* que se deu no deserto de minha jornada de transformação pessoal.

Instalar carpetes não foi algo que fiz para estudar zen-budismo. Foi a maneira *de* estudar zen-budismo. O zen ensina que precisamos "caminhar, não cambalear", e que "sua vida habitual é sua vida espiritual" — e foi exatamente isso que o zen da instalação de carpetes me ensinou. Cada desafio que enfrentamos é também uma oportunidade de transformação se aprendermos a encará-lo da maneira certa.

⊐

ERAM CINCO HORAS de um fim de tarde de sexta-feira quando recebi um telefonema do meu amigo dos *goat rodeos* da Microsoft. Ele estava prestes a distribuir cem mil CDs para apresentar a mais recente tecnologia da Microsoft em feiras comerciais pelo mundo afora. Ele precisava que um produto de outra empresa, construído com a tecnologia da Microsoft, fosse apresentado nos CDs, e propôs que nosso produto, chamado Visual Intercept, preenchesse essa lacuna. Além de toda a propaganda gratuita, esse aval implícito da Microsoft era algo que tinha um peso enorme, de modo que aceitei com entusiasmo. Mas então ele disse o seguinte:

— O produto não pode ter mais do que três megas; preciso dele autenticado pela VeriSign, e preciso dele hoje.

— Mas já são cinco horas — retruquei, ofegante.

— Não tem problema — replicou ele com suavidade. — Aqui ainda são duas horas da tarde, e vou trabalhar até meia-noite. Boa sorte. — E desligou.

Nossos programadores prometeram fornecer um disco de demonstração em perfeito funcionamento, mesmo que significasse enfiar um produto de sete megabytes em um espaço de três. Mas o verdadeiro problema era a VeriSign. A VeriSign é uma companhia que fornece o equivalente a um selo de aprovação para softwares, e, quando meu sócio, Jay Hall, telefonou para a companhia, foi informado de que o processo demorava três semanas. Por sorte, a VeriSign era uma empresa da Costa Oeste, e, nas horas seguintes, Jay foi galgando gradualmente a cadeia de comando, ouvindo sempre, a cada passo, que o processo de aprovação levava três semanas. Sem se deixar intimidar, enfim conseguiu falar com o presidente, e, quando Jay por acaso mencionou que o cliente final era a Microsoft, o presidente prometeu reverter a situação em algumas horas. Em determinado momento, quando eram quase três horas da manhã, entregamos o produto em pleno funcionamento para a Microsoft.

Esse foi o primeiro *goat rodeo*, e, depois de alguns outros, passamos a ser respeitados pela Microsoft. Tornamo-nos os sujeitos que o pessoal da Microsoft procurava quando lidava com um prazo final aparentemente impossível. Todo mundo na nossa empresa competia para ser incluído nesses empreendimentos heroicos, e o subproduto foi que a aliança com a Microsoft nos rendeu, com o tempo, milhões de dólares.

5

A MISSÃO

Meu objetivo no capítulo anterior foi introduzir um modelo transformacional de motivação humana que define *o que* do serviço e do altruísmo, e mostrar *por que* essa filosofia de gestão é fundamental para o sucesso nos negócios da tradição monástica. Partindo do princípio de que tenha alcançado esses objetivos, o que resta é apresentar um roteiro detalhado que descreva *como* podemos aplicar o serviço e o altruísmo às organizações seculares e até mesmo à vida pessoal com resultados igualmente bombásticos. O restante deste livro se destina a fazer exatamente isso. O primeiro passo rumo à construção de uma organização conscientemente transformacional baseada no serviço e no altruísmo é nos certificarmos de que temos uma missão elevada e abrangente, digna de ser servida.

⌗

RECENTEMENTE, FUI O ORADOR convidado em um retiro de três dias para diretores e gerentes da Truliant Federal Credit Union, sediada em Winston-Salem, na Carolina do Norte. Em vez de entrarem diretamente nos "números", como esperava, tendo em vista outros encontros semelhantes àquele, o primeiro dia foi integralmente dedicado ao reexame e fortalecimento da elevada missão da Truliant: "A missão da Truliant Federal Credit Union é aprimorar a qualidade de vida dos nossos membros e tornarmo-nos a instituição financeira preferida deles".

A tônica do discurso do CEO da Truliant, Marc Schaefer, foi lembrar à equipe que as pessoas podem realizar praticamente qualquer "o que" se acreditarem no "porquê" da sua missão. Ele chamou essa filosofia de gestão de "O poder do porquê". Ele prosseguiu contando a história da Truliant desde o início, fazendo uma conexão brilhante entre a missão da empresa e seu sucesso financeiro.

De acordo com Schaefer, por exemplo, foi a missão da Truliant que livrou a empresa dos excessos da bolha financeira, que enfraqueceram tantos parceiros da companhia e provocaram a falência de outros tantos. A Truliant leva tão a sério a missão de aprimorar a qualidade de vida de seus membros que, mesmo em meio ao desastre financeiro e sob grande pressão financeira, a empresa rejeitou uma oferta lucrativa para o seu negócio de cartões de crédito por temer que os membros da Truliant não fossem mais receber os serviços que mereciam e pelos quais tinham passado a esperar. Esse é um exemplo de serviço altruísta que deixaria orgulhosos os monges de Mepkin e, no longo prazo, também foi bom para a Truliant.

No restante do dia, cada participante teve a oportunidade de compartilhar seus sentimentos a respeito da companhia e de sua missão. As emoções foram tão profundas em alguns casos, que tive a impressão de estar ouvindo os monges da Abadia de Mepkin falando *ex cordia* ("de coração") a respeito de sua elevada missão. A Truliant, obviamente, era mais que um negócio. Era um estilo de vida que oferecia a cada membro da diretoria e a cada funcionário a chance de fazer uma profunda diferença na vida de outras pessoas.

Ao que tudo indica, não fui o único a ficar impressionado. Durante um intervalo, encontrei um novo membro da diretoria perambulando pelo estacionamento com um olhar distante.

— Uau — disse-me ele, aparentemente sem se dirigir a ninguém em particular. — Não sei o que esperava, mas com certeza não era isso. Tudo o que eu achava que sabia a respeito de negócios estava errado.

Longe de transformar a empresa quase em uma instituição beneficente sentimentaloide, a missão da Truliant aumentou, de modo substancial, o resultado final do negócio. Em meio à mais grave retração econômica desde a

Grande Depressão, a Truliant teve um crescimento médio anual de 9% nos depósitos com relação aos quatro anos anteriores, e foi considerada recentemente a união de crédito de mais rápido crescimento na região onde atua. Quando foi questionado aos membros da Truliant se a empresa "pensa, principalmente, no que é mais interessante para mim", 95% concordaram vigorosamente ou apenas concordaram. Colocando esse percentual extraordinário em uma perspectiva adequada, em 2011, de acordo com a Forrester Research, foi perguntado aos clientes do Bank of America se "Meu prestador de serviços financeiros faz o que é melhor para mim, e não apenas para seu resultado final". Somente 26% concordaram. A Wells Fargo só conseguiu um percentual de 31%.

Apenas em 2011, os funcionários da Truliant realizaram proativamente "check-ups" para os membros, identificando 197 mil "necessidades financeiras", e satisfizeram mais de cem mil delas — tudo com o único objetivo de ajudar os membros a "construir um significativo futuro financeiro". Quase tão espantoso quanto esses percentuais é o fato de uma instituição financeira possuir um programa desse tipo, centrado no cliente — quanto mais, então, os indicadores necessários para medir sua eficácia. Administrei meu próprio negócio durante sete anos, e nunca recebi um único telefonema de nenhum dos meus banqueiros me oferecendo um serviço semelhante.

Mas talvez o mais impressionante seja o "índice de felicidade" da Truliant, baseado nas respostas dos clientes às quatro perguntas seguintes:

1. De modo geral, quanto você está satisfeito com a Truliant Federal Credit Union?
2. Quanto você concorda com a declaração: "A Truliant pensa, principalmente, no que é mais interessante para mim"?
3. Qual é a probabilidade de você recomendar a Truliant a um amigo, membro da família ou colega de trabalho?
4. Você se sente parte da Truliant?

O resultado mais recente da Truliant nesse "índice de felicidade" foi 76%. No Capítulo 2, vimos que perguntas muito semelhantes são usadas para avaliar o envolvimento dos funcionários. Estes últimos são pagos por sua lealdade, mas o nível de lealdade dos clientes da Truliant ofusca o dos funcionários mais bem pagos. A maioria dos executivos corporativos daria o braço direito para ter funcionários com a metade da lealdade dos clientes da Truliant.

O serviço e o altruísmo funcionam, não apenas para os monges trapistas, mas também para organizações seculares como a Truliant. Porém, quando perguntei, tendo em vista seu sucesso, por que mais empresas não seguem o exemplo deles, um dos membros da diretoria resumiu tudo:

— É triste, mas a maioria das corporações simplesmente não tem estômago para isso, de modo que nunca se dão o trabalho de tentar.

Alguns dias depois, fui a Washington, DC, para a formatura do meu sobrinho na faculdade. Quando mencionei a Truliant, meu irmão Mark me interrompeu:

— Uau, está trabalhando com a Truliant? Em todos os lugares aonde vou, vejo alguém falando maravilhas desses caras. A Truliant é uma empresa extraordinária.

⌗

NÃO ME LEMBRO MUITO da terceira série, mas nunca me esquecerei da primeira vez em que a biblioteca ambulante apareceu. Fiquei instantaneamente cativado pelas narrativas heroicas da história, da literatura e da mitologia, e minha vida talvez possa também ser descrita como uma busca de empreendimentos heroicos e pessoas heroicas. Um dos meus grandes heróis é o padre Francis Kline, ex-abade de Mepkin e um verdadeiro homem da Renascença. Dom Francis continuamente lembrava aos monges que "seu Deus é pequeno demais!", e seu conselho é igualmente aplicável às missões da área de negócios, profissionais e pessoais. No basquete, somos instruídos a mirar a parte de trás do aro; no golfe, a mirar a parte de trás do buraco; e, no arco e flecha, a mirar além do alvo. No entanto, nos negócios, visamos o lucro. O lucro não é a meta dos negócios; é apenas um critério que avalia a maneira como realizamos nossa missão. A suprema meta da Truliant não é o lucro. A suprema meta não é nem mesmo se tornar a "instituição financeira preferida" dos clientes. Em vez disso, a empresa mira além desses alvos em sua busca por "aprimorar a qualidade de vida" dos clientes.

De acordo com a diretora de marketing da empresa, Karen DeSalvo, a Truliant "acredita que, se nos concentrarmos em aprimorar a vida dos nossos membros, tornarmo-nos a instituição financeira preferida deles será apenas o resultado natural". Em outras palavras: tornar-se a instituição preferida dos clientes e obter lucro são meramente subprodutos e indicadores de acompanhamento da missão muito maior da Truliant. A única razão significativa pela qual tão poucos negócios chegam a alcançar seu pleno potencial é o fato de, ao contrário da Truliant, sua missão ser limitada demais.

Todo mosteiro começa com a missão mais elevada possível. Servir a Deus. Essa missão é enunciada de maneira clara e inequívoca, e qualquer pessoa que ingresse no mosteiro a entende logo ao chegar. Participar dessa missão é o motivo pelo qual os aspirantes a monges ingressam, e milhares de intrusos como eu ficam perambulando por lá. Isso forma um acentuado contraste com nossa cultura de negócios, na qual até mesmo os CEOs têm dificuldade para recitar a declaração de missão corporativa — que dirá viver de acordo com ela.

A tarefa mais crucial de qualquer organização é sempre perguntar: "Qual é o negócio do negócio?". E todos os que estão conectados com o negócio, mesmo que remotamente, precisam estar envolvidos com a resposta. Apenas ao fazer continuamente essa pergunta e produzir as respostas mais amplas possíveis nos absteremos de definir o negócio de maneira muito limitada. É esse constante exercício que nos impede de definir o negócio como venda de carruagens quando todos estão comprando automóveis. Em um mundo no qual o ritmo de mudança continua acelerando, a missão é hoje mais importante do que nunca.

Por exemplo, nos primórdios do computador pessoal, empresas como a Lotus, a WordPerfect e a Netscape partiram do princípio de que sua missão era produzir a melhor planilha independente, pacote de processamento de texto ou navegador da Web. Embora adicionassem características, de modo linear e o mais rápido que podiam, deixaram de perceber que a Microsoft havia descoberto, não linearmente, o que os usuários de fato desejavam: a integração ininterrupta de todos esses componentes isolados. Ao questionar as suposições implícitas do software independente, o Microsoft Office relegou toda uma indústria de companhias independentes e seus produtos pioneiros a um monte de sucata na história.

No mercado atual em constante transformação, a maioria das empresas fracassa não porque deixa de adicionar recursos rápido o suficiente a seus produtos. Fracassa porque — assim como a WordPerfect, a Lotus e a Netscape, ou, mais recentemente, a Blockbuster, a Borders e até mesmo a própria Microsoft — seu produto se torna um recurso no lançamento maior e mais poderoso de um concorrente. Fracassa porque é pega de surpresa por uma missão maior que surge de uma direção jamais prevista. Fracassa porque seu deus é pequeno demais.

No meu negócio de consultoria, sempre escuto, repetidamente, uma objeção: todas as declarações de missão elevadas são "coisas inexpressivas e sem valor". Quase todas as corporações encontram-se em mercados de nicho com produtos de nicho, e missões elevadas e abrangentes impressionam várias pessoas por serem excessivamente tolerantes, abstratas, grandiosas e desfocadas. No entanto, não existe missão mais grandiosa, tolerante e abstrata que servir a Deus por meio do serviço aos outros, e os mosteiros conseguem introduzir essa missão grandiosa em um arsenal de produtos de nicho e tarefas cotidianas com uma espécie de foco anormal que produz resultados quase sobrenaturais. O Corpo de Fuzileiros Navais consegue introduzir algo tão elevado e abstrato como servir o país, o Corpo de Fuzileiros e seus companheiros em algo tão mundano como realizar flexões. A Truliant está vencendo seus parceiros ao aprimorar a qualidade de vida de seus membros, um ser humano de cada vez — não raro de maneira completamente distante do âmbito financeiro.

O motivo pelo qual tantas declarações de missão parecem vagas e irrelevantes, e deixam de servir de inspiração, não é o fato de serem elevadas ou abstratas demais. Isso acontece porque os executivos incumbidos de colocá-las em prática carecem do engajamento e da imaginação necessários para fazer com que isso aconteça. Estão ocupados demais "resolvendo coisas" para conseguir comunicar por que, para início de conversa, a organização está fazendo todas essas coisas. Em decorrência, sempre que os valores da missão no longo prazo se deparam com as exigências de curto prazo da execução, a conveniência sai ganhando. Definir a missão e introduzi-la na tomada de decisões não é algo da alçada de um retiro anual de dirigentes. Como o pessoal da Truliant demonstra, é um imperativo diário, a prioridade mais importante que toda organização precisa ter. E esse imperativo depende tanto das pessoas que trabalham na sala de correspondência quanto das que frequentam a sala da diretoria.

Como comentei antes, o segredo do sucesso da Abadia de Mepkin é que os monges não estão no negócio de ovos, cogumelos, fertilizantes ou da silvicultura. Como grandes arqueiros, miram além desses alvos. Estão comprometidos com o negócio de servir a Deus, servindo assim uns aos outros e aos seus semelhantes. São pessoas espiritualizadas que, por acaso, administram um negócio; não são pessoas impulsionadas pelo lucro que, por acaso, têm um interesse paralelo no serviço ao próximo para fins de marketing.

Essa reorientação radical de prioridades é fundamental para o sucesso dos negócios monásticos. Ela se encontra vigorosamente na contracorrente do senso comum, e é o exemplo mais surpreendente de pensamento anticonvencional que já encontrei. É tão revolucionária — e tão assustadora — que levá-la a sério nos negócios requer o estômago forte ao qual o membro da diretoria da Truliant se referiu.

Caridade, ou o que no seu sentido muito mais amplo os monges chamam de *caritas*, significa viver de coração. Viver de coração requer uma mudança de atitude, que é a meta da jornada do herói. Essa mudança transformacional é o que os homens buscam alcançar ao ingressar nos mosteiros e o que a vida monástica oferece. *Caritas* não é algo que os monges pratiquem em tempo parcial visando um mérito futuro na vida após a morte. É quem eles são, e a força motriz implícita em tudo o que fazem.

Para o restante de nós, como cidadãos corporativos, a caridade é uma coisa maravilhosa, mas não temos "estômago" para inseri-la no âmago de nossos negócios, apesar da evidência em contrário por meio da experiência econômica monástica de 1.500 anos e de empresas como a Truliant.

☒

O MOSTEIRO TRAPISTA de Getsêmani, no Kentucky, foi fundado no século XIX, e sua tradição remonta ao mosteiro cisterciense francês de La Trappe. Convencidos de que sua Ordem se tornara excessivamente tolerante, os monges de La Trappe reformaram os costumes cistercienses, retornando à rigorosa simplicidade de seus fundadores do século XI. Essas reformas obtiveram tanto êxito, que La Trappe se tornou inspiração para um sem-número de "casas filhas" ou "fundações", como Getsêmani, no mundo inteiro. O apelido "trapista" é um tributo a La Trappe, embora todos os mosteiros trapistas tecnicamente pertençam à Ordem Cisterciense da Estrita Observância (OCSO).

Getsêmani tornou-se mundialmente famoso nas décadas de 1950 e 1960, quando Thomas Merton, escritor e intelectual de Nova York, ingressou nele para se tornar um monge trapista. Embora a princípio tenha sido proibido de escrever, a proibição foi revogada com o tempo, e seus *best-sellers* (como *A montanha dos sete patamares*) levaram a antiga espiritualidade monástica a um mundo moderno e cada vez mais secular. Foi Merton e sua fascinação pelo zen-budismo que mexeu com minha imaginação enquanto ainda estava na faculdade, e devo a ele minha fascinação pelo estilo de vida monástico.

A Abadia de Mepkin, por sua vez, é uma casa filha de Getsêmani, e foi fundada em 1949 por um pequeno grupo de monges que voluntariamente deixaram seu lar nos gramados montes serpenteantes do Kentucky e foram para as planícies pantanosas da Carolina do Sul. Alguns desses pioneiros, como o irmão Joseph e o irmão Robert, ainda estão conosco, e ocasionalmente você os verá se comunicando na linguagem trapista dos sinais, usada durante séculos antes que as reformas do Concílio Vaticano II, no início da década de 1960, revogassem a proibição abrangente sobre falar em voz alta. Esses monges efetivamente conheceram Thomas Merton antes de sua morte em um trágico acidente, quando acompanhava uma conferência com monges budistas em Bangcoc, na Tailândia, em 1968.

Sempre que estão dispostos e as restrições remanescentes sobre a fala ganham uma trégua, eu importuno esses pioneiros com perguntas a respeito de Merton e os "velhos dias" em Getsêmani, deleitando-me com aquele ligeiro indício de orgulho tão atípico que anima as histórias deles a respeito de uma época ainda mais heroica, quando os homens ainda eram homens e os monges ainda eram monges. No entanto, o mais comovente são as descrições da cidade de tendas que até mesmo um mosteiro tão grande quanto Getsêmani teve que erguer para abrigar um repentino influxo de veteranos da Segunda Guerra Mundial que buscavam, assim como o irmão Edward, um antídoto significativo para os absurdos horrores da guerra.

Foi em Getsêmani que o futuro abade de Mepkin, Francis Kline, ingressou quando decidiu se tornar um monge trapista, aos 20 e poucos anos. Embora ingressar em um mosteiro trapista nunca seja uma decisão trivial, no caso de Francis, isso quase desafia nossa crença. Francis foi criado em uma próspera família da Filadélfia. Estudou música na famosa Juilliard School e, já no final da adolescência, era um prodígio no órgão em âmbito internacional. Seus recitais de Bach em grandes tendas ao ar livre eram transmitidos simultaneamente por rádio e televisão, para todos os Estados Unidos, e ele tinha um contrato assinado com um grande selo musical. No entanto, assim como o abade que foi seu predecessor, o padre Christian, e como o próprio Merton, a atração foi irresistível para Francis. Ele pegou um ônibus para o Kentucky, rumo a uma vida completamente nova, uma existência que era tudo, menos fácil.

Em primeiro lugar, ele foi proibido de tocar órgão. Mesmo quando essa proibição sofreu uma trégua, ele se viu tocando a quarta corda atrás de três outros monges — embora, como me disse rindo certa vez, "pudesse surpreendê-los tocando com uma só mão". O pior foi que na primeira reunião privada que teve com seu mestre de noviços, que mais parecia um sargento, este afirmou que estava complemente convencido de que Francis não possuía as qualidades necessárias para ser um monge trapista, e que faria de tudo para provar que tinha razão. As coisas ficaram tão ruins no Deserto que, tal como um israelita moderno, Francis também achou que as coisas seriam melhores se tivesse "voltado ao Egito". Sendo assim, certa noite, Francis saiu pelo portão da frente. Caminhou dez quilômetros sob uma tempestade torrencial, até que, rindo, pensou: "Que diabo estou fazendo aqui? Para onde estou indo?". Deu meia-volta e regressou ao mosteiro.

Contudo, por mais difíceis que essas histórias possam parecer, o que me impressionou enquanto as escutava foi o amor irresistível que Francis sentia por Getsêmani e pelo seu rabugento mestre de noviços. Assim como um novo fuzileiro recém-saído do campo de treinamento ou um adepto do programa dos Doze Passos dos Alcoólicos Anônimos, a fornalha flamejante de uma experiência autenticamente transformadora deixara Francis tomado apenas por uma irrestrita gratidão.

Quando conheci dom Francis, em 1996, ele era um homem alto, bonito, no final da casa dos 40 anos, e o cabelo farto que cobria sua cabeça, sem nenhum toque de fios grisalhos, o fazia parecer dez anos mais jovem. Anos antes, ele fora para Roma a fim de se tornar padre e voltara falando italiano e outros idiomas. Gostava de correr e estava em excelente forma. Tinha escrito um livro e tocava música no esplêndido órgão que adquirira para a nova igreja do mosteiro. Seu amor pela arte e pela arquitetura refletia-se nos prêmios que a igreja recém-reformada havia recebido e no bom gosto com que restaurara grande parte do mosteiro.

No entanto, era o carisma que só surge da autenticidade o que mais me impressionava a respeito de Francis. Não sou de ficar impressionado com qualquer coisa, mas, apesar da sua bondade e afabilidade, sempre me senti um pouco sem saber o que falar na sua presença, mesmo anos depois, quando se poderia dizer que éramos quase íntimos. *Santidade* é uma palavra que se encontra tragicamente obsoleta e, de qualquer modo, não é um termo que eu usaria de modo habitual. Entretanto, ela permanece como a única palavra que me ocorre para captar aquele halo dourado que distinguia o padre Francis. Como me disse certa vez o irmão Stephen, o adorável prior de Mepkin e segundo no comando, de maneira quase conspiratória e com um traço de reverência:

— Você sabe que Francis é um místico, não sabe?

A missão como membrana

NO INÍCIO DA DÉCADA DE 1990, o padre Christian se aposentou da abadia, e a comunidade de Mepkin enviou uma mensagem para Getsêmani dizendo que queriam que Francis o substituísse. Ele aceitou com uma condição: a comunidade teria que se mostrar aberta a mudanças. Como ele me relatou certa vez:

— Disse a eles que não tinha desejo nenhum de supervisionar um mosteiro agonizante.

A comunidade concordou, e Francis pôs mãos à obra para criar uma nova missão para Mepkin, ao mesmo tempo que permanecia fiel à missão global, ou *carisma*, dos trapistas.

A melhor maneira de descrever essa nova abordagem é por meio do conceito da membrana. Uma membrana não é uma parede sem vida. É uma estrutura orgânica que compartilha energia e nutrientes com o seu ambiente enquanto continua a descartar substâncias nocivas. Embora eu nunca o tenha ouvido dizer isso, a missão de Francis foi substituir o muro do mosteiro, que tradicionalmente encerra de modo hermético os monges do lado de dentro, por uma membrana viva, que respira — uma membrana que interage livremente com o mundo, mas mesmo assim permanece fiel aos fundamentos da tradição monástica.

Com a adesão da comunidade, Francis passou a fazer mudanças. Grande parte do mosteiro foi restaurada; a terra foi devolvida ao seu estado original, em conformidade com a ávida preocupação de Francis com o meio ambiente; a biblioteca foi amplamente expandida; e um centro de conferências de última geração foi construído para fortalecer o vínculo de Mepkin com a comunidade local e um mundo mais amplo. O mais importante (pelo menos para mim) foi o fato de Mepkin ter criado o programa de hóspedes monásticos, por meio do qual homens leigos (mulheres podem participar dos retiros, mas o programa de hóspedes monásticos só está aberto aos homens) podem viver e trabalhar ao lado dos monges por períodos prolongados. Porém, o mais difícil é descrever a verdadeira magia que envolvia a interpretação de dom Francis da missão monástica. De alguma maneira, Francis infundiu um espírito revigorante de entusiasmo, mudança e progresso na Abadia de Mepkin, enquanto permanecia fiel a uma tradição que se apoia na imutável repetição do cotidiano monástico, para enfatizar o que é inalterável, eterno e intemporal.

Essa analogia com a membrana se aplica também à nossa missão pessoal e à missão de nossas organizações. Antigamente, uma empresa podia começar fabricando carruagens e cinco gerações depois ela ainda estaria fabricando carruagens. Até recentemente, nas décadas de 1960 e 1970, a maior parte das mudanças era lenta e gradual. A eficiência e a execução, justificadamente, tinham precedência sobre a missão. Nos tempos do meu pai, e até mesmo nos meus, quase todas as pessoas se aposentavam depois de trabalhar durante anos na mesma empresa em que haviam começado, moravam na mesma casa durante toda a vida adulta, agarravam-se a seus velhos fogões e geladeiras. A mudança em um mundo predominantemente estático em geral é algo ruim, e, como em um mosteiro, muros foram construídos ao redor dos negócios para manter o *know-how* e o talento do lado de dentro, ao mesmo tempo que se mantinham do lado de fora as heresias da área dos negócios e os *headhunters* corporativos, que cultuavam o demônio.

O despontar da era da informação nos últimos quarenta anos tornou esse modelo evolucionário obsoleto. O ritmo de mudança vem aumentando de modo exponencial, e os interesses da missão ultrapassaram a tática da mera execução. Os negócios hoje em dia estão repletos de termos paradoxais — destruição criativa, caos controlado, "coopetição", tecnologias perturbadoras, saltar para fora do sistema, lógica nebulosa, rompimento com a estrutura, sistemas abertos, atuar de maneira não convencional e, até mesmo, o zen-budismo da área dos negócios. Todos esses termos evidenciam uma transformação dos próprios negócios — dos modelos fechados, estáticos e inorgânicos que atuavam como os muros de clausura de um mosteiro em modelos orgânicos, que se valem de membranas. Afinal, costumávamos trabalhar em algo que lembra a cela de um monge, chamada "escritório". Agora, esse espaço foi substituído com rapidez por uma membrana: o escritório "virtual", que flutua livremente na "nuvem", como um anjo da guarda que nos segue para onde quer que nos dirijamos.

Hoje, as missões cujo modelo é o de cima para baixo, estáticas, que emergem de um grupo de executivos enclausurados em um retiro de gestão, estão sendo substituídas por membranas cujo modelo é o de baixo para cima, compartilhando constantemente energia com o ambiente de mercado. Há alguns anos, a expressão *de baixo para cima* significava ouvir os funcionários. Hoje, em grande medida como resultado da internet, as empresas se apoiam cada vez mais em membranas que as mantêm sempre em diálogo com clientes, fornecedores, a comunidade financeira e todos os outros aspectos de um mundo situado além das quatro paredes da empresa.

Louis R. Mobley comentou que gerentes realizam coisas, enquanto executivos de alto nível escolhem missões que valham a pena ser cumpridas, e, se isso era verdade para a IBM em 1956, é mil vezes mais verdadeiro e importante hoje em dia. A liderança eficaz na era da informação requer uma mudança de valores: deixar de focalizar fatores internos para focalizar o mundo como um todo, e essa é apenas outra maneira de descrever o que a visão do padre Francis fez por Mepkin. Assim como ele, os líderes de hoje precisam ser generalistas e homens da Renascença, e não especialistas em negócios — afinal de contas, uma borboleta que bate as asas sobre uma savana na África poderá criar os ventos de mudança capazes de enfraquecer qualquer negócio.

Para tornar as coisas ainda mais complicadas, aplicar membranas à missão também requer reorganizar o relacionamento com funcionários. Em épocas anteriores, havia uma demarcação entre a vida pessoal e a vida profissional, e "profissionalismo" significava manter esse rigoroso limite. Isso já não é verdade. Assim como monges que trabalham lado a lado, o marido e a mulher trabalham fora, e ambos levam a vida pessoal ao trabalho e o trabalho para casa. As pessoas não trabalham mais pelo dinheiro, encontrando significado apenas na igreja. Agora, queremos um trabalho significativo. Os muros entre a vida pessoal e a vida profissional foram substituídos por membranas.

Essas tendências encontram-se refletidas até mesmo nos relatórios financeiros que usamos para gerir os negócios. Os relatórios financeiros começaram com o balanço patrimonial, que surgiu quando a mudança ainda era relativamente rara. O balanço patrimonial é um modelo estático, um registro instantâneo anual do negócio. À medida que a taxa de mudança aumentou, o balanço patrimonial anual deixou de ser adequado, e foram inventados os demonstrativos trimestrais de lucros e perdas. Com o tempo, esses relatórios trimestrais não conseguiram acompanhar a mudança, de modo que o relatório de caixa diário surgiu como uma maneira de observar o negócio de maneira contínua e mais precisa.

Hoje, com o benefício da tecnologia, os registros instantâneos "inorgânicos" do passado foram substituídos por filmes "orgânicos" que monitoram constantemente os negócios em tempo real. A transparência que esses relatórios em tempo real produzem é ainda outro exemplo de como o modelo dinâmico e orgânico de membranas vem substituindo o modelo estático de muros que separam a empresa de seu ambiente.

Grandes líderes empresariais como Steve Jobs não são bem-sucedidos porque conhecem coisas diferentes. Eles são bem-sucedidos porque pensam de maneira completamente diferente. Enquanto as habilidades e o conhecimento um dia reinaram supremos, hoje tudo consiste em valores e atitudes. Como um Einstein moderno dos negócios "reinventando o universo", Steve Jobs criou uma missão para a Apple que se baseia em uma visão de mundo radicalmente diferente. Há apenas dez anos, a Apple era uma figurante no setor de computadores, ávida pelas migalhas que caíam da mesa da Microsoft. Hoje, a capitalização de mercado da Apple excede em muito a da Microsoft, e empresas como a Nokia — cuja interpretação dos telefones celulares era de que fossem nada mais que telefones móveis — estão quase asfixiadas por terem adorado um deus que era pequeno demais. E, de acordo com o que Jobs declarou, em um discurso de paraninfo que proferiu em Stanford, tudo começou quando ele decidiu mirar além do alvo, estudando ecleticamente coisas como caligrafia na faculdade, por exemplo, visando apenas o autodesenvolvimento.

O crescimento pessoal em tempo real

A MAGNITUDE SE ESTENDE SOBRE algumas pessoas; no meu caso, foi o empreendedorismo. Certa vez, perguntei ao meu antigo mestre zen qual tinha sido o feito mais importante em seu caminho espiritual.

— Não foi o que fiz — respondeu ele. — Foi o que eu não fiz. — Em seguida, ele se afastou, deixando-me perplexo.

Em 1985, dei as costas para uma carreira de tramitação rápida na TV a cabo e ingressei em uma *start-up* de software no Research Triangle Park, na Carolina do Norte, como vice-presidente de vendas e marketing. Como de costume, isso não fazia parte de nenhum grande plano estratégico para minha carreira. Na verdade, era apenas uma decisão de mirar além do alvo para me aprofundar em um setor que vinha mudando o mundo com rapidez, além de uma oportunidade de ver o que eu poderia aprender morando no Sul. Alguns anos depois, ficou óbvio que a empresa caminhava para a falência. Em 1987, fui embora e comecei a dar consultoria a empresas no setor de TV a cabo.

Alguns meses depois, fui convidado para dar palestras a vários grupos de estudantes do estado da Carolina do Norte por intermédio do University Scholars Program, um programa concebido para promover a expansão intelectual e cultural do corpo discente. Dei uma palestra chamada "Cinco anos com um mestre zen", que se baseou nas minhas aventuras e desventuras enquanto estudei o zen com um homem simples da Virgínia ocidental. Os alunos pareceram gostar das minhas palavras, e quatro deles me procuraram depois de uma das palestras, pedindo-me que fosse o *coach* deles em zen-budismo em particular, e em espiritualidade de modo geral. Concordei em me reunir com eles todas as quintas-feiras no início da noite, e formaram um clube de estudantes chamado Self Knowledge Symposium (SKS) [Simpósio de Autoconhecimento], para poder conseguir uma sala na faculdade na qual pudéssemos nos encontrar.

Várias semanas depois, recebi um telefonema de um velho amigo que trabalhava no ramo televisivo.

— Ouça, Augie — disse-me ele —, acabo de ser nomeado CEO da United Press International, e recebi 150 milhões de dólares para tirá-la da falência e recuperá-la.

Ele prosseguiu me informando que queria "voltar a reunir o grupo", contratando vários dos nossos amigos, e que desejava que eu fosse seu vice-presidente executivo e segundo em comando. A remuneração era fabulosa, e o fator diversão mais do que sedutor, mas havia um empecilho: eu teria que me mudar de Raleigh, na Carolina do Norte, para Washington, DC. Depois de alguns instantes, pesarosamente lhe informei que não poderia me mudar.

— Por quê? — perguntou ele.

Expliquei que acabara de concordar em presidir um encontro semanal para alguns estudantes universitários.

— Está de brincadeira comigo? — retrucou ele. — Vai recusar um emprego maravilhoso para trabalhar de graça para um punhado de jovens universitários? Por Deus, por que não faz aqui seja lá o que esteja fazendo? Temos muitas faculdades em DC.

— Tenho uma ideia melhor, Joe — repliquei. — Por que não muda a United Press International para Raleigh?

— Impossível — disse ele, rindo. — Minha mulher jamais concordaria com isso!

— Vamos lá, Joe, Raleigh está cheia de mulheres.

Embora tenhamos rido até não poder mais, alguns momentos depois nosso papo acabou, e gradativamente assimilei a ideia de que eu havia, de fato, recusado um emprego maravilhoso por causa de um punhado de estudantes universitários que eu mal conhecia. No decorrer da semana seguinte, martirizei-me pela minha decisão, ansiando por pegar o telefone e ligar para meu amigo. A pior parte foi que eu não tinha para quem pedir conselhos, porque sabia exatamente o que todos iriam dizer.

No entanto, apesar da minha agonia, simplesmente não pude voltar atrás na minha palavra. Tudo o que aprendera e tudo o que *me tornara* depois da faculdade me dizia que eu deveria buscar *primeiro* o reino dos céus, e isso significava cumprir a promessa que fizera àqueles jovens, não importando quais pudessem ser as consequências.

Ao longo dos anos seguintes, a semente que fora plantada no estado da Carolina do Norte cresceu, e o SKS se espalhou para a Universidade da Carolina do Norte e para a Universidade Duke. Com o tempo, um grupo de adultos também começou a se reunir na minha casa nas noites de sexta-feira. Embora não pudesse ter dito isso na ocasião, o tema de todo esse trabalho era a transformação. Essas reuniões se transformaram no equivalente às reuniões dos Alcoólicos Anônimos para pessoas que não bebiam, mas que buscavam fazer mudanças fundamentais em sua vida. Ao contrário dos grupos de discussão, dos grupos de meditação ou dos grupos de oração, essas reuniões rapidamente evoluíram e passaram a criar planos de ação concretos para transformar a vida dos integrantes, enquanto usávamos a inspiração e a pressão do grupo da comunidade para nos ajudar a permanecer no caminho certo.

Nos primeiros anos, consegui ganhar a vida com consultoria, mas, com o tempo, minhas responsabilidades docentes passaram a evidenciar que voar pelo país não era mais uma opção. Além disso, como a notícia de que não me mudaria se espalhou, minha reputação sofreu. Certa vez, depois de recusar um emprego no Colorado, telefonei para o executivo que me indicara para agradecer e explicar a minha decisão. Ele logo me interrompeu:

— Não se preocupe, Augie — falou. — Eu me precavi. Disse a ele que você é ótimo no que faz, mas que é uma espécie de maluco religioso.

Desse modo, à medida que nossa pequena comunidade aumentava, viajar foi ficando muito oneroso, e o telefone parou de tocar. Decidi, então, me tornar um empresário.

Obviamente, minha decisão não foi tomada com base em dinheiro ou no desejo real de me tornar um empresário. Mais exatamente, via a criação de uma empresa como um projeto de demonstração, uma maneira de colocar em prática todos os princípios em que acreditava. Vi essa decisão como uma maneira de criar oportunidades de *goat rodeo* para o crescimento pessoal, em tempo real, sob a pressão de desafios da vida real. Via o empreendedorismo como um teste decisivo dos meus princípios e de tudo o que aprendera com pessoas como meu mestre zen e Louis R. Mobley, e com a instalação de carpetes. Desejava saber se uma empresa baseada nos princípios de serviço e altruísmo poderia realmente funcionar. Além disso, e talvez o mais importante, queria mostrar à nossa comunidade incipiente o que poderia ser feito se os membros de um grupo, imbuídos de ideias elevadas, estivessem dispostos a assumir um rígido compromisso mútuo, nos quais toda comunidade autêntica, como a Abadia de Mepkin, precisa se basear.

No início, éramos apenas seis, incluindo meu irmão Tom. Não tínhamos um plano de negócios além do que um de meus sócios descreveu desta maneira:

— Somos caras inteligentes; vamos encontrar alguma coisa para fazer.

Embora tivéssemos sido vagos com relação ao que íamos fazer, fomos absolutamente claros a respeito do que queríamos ser. Como fez o Cidadão Kane quando comprou seu primeiro jornal, produzimos uma declaração de princípios de acordo com a qual pretendíamos viver.

Nosso primeiro princípio era que queríamos criar uma empresa espiritualista. Isso não significava esperar que alguém aceitasse uma religião ou um conjunto de crenças em particular. Significava que o crescimento pessoal, a honestidade, a integridade e colocar altruisticamente as pessoas em primeiro lugar eram coisas mais importantes que ganhar dinheiro. Também significava que nossa empresa seria "simpatizante da espiritualidade"; ninguém precisaria se sentir constrangido ou envergonhado ao discutir filosofia na sala do cafezinho ou ao tirar uma licença para participar de um retiro. Criar um ambiente simpático à espiritualidade pode parecer trivial, mas, ao longo dos anos, dezenas de visitantes se mostraram surpresos com o tipo de livros que eu tinha em minha prateleira, os quais, é suficiente dizer, não combinavam exatamente com o gosto literário que esperavam encontrar em um CEO.

Nosso segundo princípio eram expectativas elevadas. Começar um negócio com base em valores espirituais não significava definir padrões baixos e explicar o fracasso como apenas um dos custos inevitáveis de tentar fazer negócios voltados à espiritualidade em um mundo profano. Mais exatamente, se de fato tivéssemos em mente uma operação com um propósito mais elevado, nossas metas deveriam ser mais elevadas do que as das pessoas que operavam apenas por dinheiro. Por exemplo, decidimos começar a trabalhar todas as manhãs às sete e meia, a fim de sair na frente dos bárbaros, mais conhecidos como concorrência. Mantivemos esse horário de início de atividades durante os sete anos seguintes.

O terceiro princípio era a compaixão. Isso não significava jamais demitir ninguém. Significava que faríamos todo o possível para ajudar todos a se manter acima do padrão, sem jamais baixá-lo. Embora mais coisas fossem esperadas de uns do que de outros, todos deveriam carregar o próprio fardo.

O quarto princípio era um corolário do terceiro. Queríamos que nossa empresa fosse uma comunidade; o todo seria maior que a soma das suas partes. Uma comunidade capaz de estender compaixão às pessoas também precisa ser formada por pessoas dispostas a se sacrificar pelo bem da comunidade. Carregar o próprio fardo, por exemplo, é uma maneira de a pessoa demonstrar compaixão pela comunidade.

O quinto princípio era cumprir as promessas por meio de um sistema de gestão que formalizava a responsabilidade. Decidimos travar uma guerra implacável contra a ambiguidade, a equivalência e o discurso com evidente duplo sentido que todos usamos quando queremos sair de uma situação difícil. Desejávamos uma cultura com definição de objetivos, que evitasse o "vou tentar" em favor do "vou fazer".

Cumprir promessas não raro era inconveniente. Por exemplo, pagávamos cada um dos fornecedores no prazo, mesmo quando era muito tentador "prolongar o prazo" das contas a pagar. Nós o fazíamos até mesmo quando, especialmente nos primeiros tempos, isso significava que meus sócios ou eu ficaríamos sem fazer nossa retirada. Sempre pagávamos os fornecedores em dia simplesmente porque foi isso que havíamos prometido fazer.

O sexto princípio era uma linha aberta de comunicação. Profissionalmente, significava ter todas aquelas conversas de negócios embaraçosas que em geral acabam indo para debaixo do tapete. Para manter as linhas de comunicação abertas, também tivemos que dar a todos permissão para cometer erros. No nível pessoal, significava que os nossos funcionários sempre encontrariam um ouvido solidário quando assuntos alheios à empresa estivessem afetando a produtividade ou meramente perturbando a mente deles.

O sétimo princípio era a honestidade — nada de intenções veladas e casos empresariais manipulados, concebidos para dissimular motivações egoístas. Éramos completamente solidários com alguém que precisasse ou desejasse mais dinheiro, uma sala maior ou uma sala com janela. O que era intolerável era participar de uma apresentação de três horas aparentemente projetada para tornar a equipe de vendas mais eficiente, quando na verdade tinha sido concebida para astutamente conseguir para o apresentador uma fatia maior do montante. Expressando isso de outra maneira, nosso sétimo princípio significava: nada de papo-furado!

Chamávamos o oitavo princípio de "Qualquer um pode entrar na briga". O bate-boca e a rivalidade são fáceis de acontecer. Difíceis são as concessões e a resolução de conflitos. Deixamos claro, desce o início, que, se duas pessoas ou departamentos não conseguissem resolver suas diferenças, as duas partes sofreriam, não importava o resultado final.

O último princípio era abraçar a mentalidade de "estar sob forte pressão". O máximo desempenho em geral envolve um delicado equilíbrio entre inspiração e desespero, e desde o início, assim como quando Cortez queimou seus navios, queríamos criar um senso de urgência em nossa empresa. Em decorrência desse fato, embora um dos meus sócios e eu fôssemos relativamente prósperos, investimos apenas capital suficiente para pagar o aluguel do escritório e a conta de telefone. Isso foi equivalente a alguns milhares de dólares, e decidimos que, se não conseguíssemos ganhar dinheiro suficiente para pagar as despesas do mês seguinte, fecharíamos a empresa em vez de sustentá-la com contínuas infusões de capital.

Um mestre zen certa vez disse o seguinte: "Busque a Verdade como se seu cabelo estivesse em chamas". Acredite em mim: não há nada melhor para incendiar o cabelo do que saber que as contas estão para vencer e não há mais capital inicial entrando. Nos seis primeiros meses, sobrevivemos apenas com base em energia. Em certa ocasião, passei os fins de semana fazendo pesquisas de opinião para uma empresa de alarme contra roubo, ganhando sete dólares por hora, apenas para pagar o aluguel.

¤

UMA DAS MELHORES COISAS que já fiz foi recusar aquele emprego na United Press International. A empresa, reorganizada, logo foi à falência, e a que fundamos com alguns milhares de dólares, com o tempo, foi adquirida por uma companhia israelense, que foi, por sua vez, adquirida pela gigante do software, a BMC. Com o benefício da visão retrospectiva, hoje vejo que todo o episódio sobre a United Press International foi apenas uma das grandes provações ou tentações que pontilham a jornada do herói. Um sensato veterano em batalhas empresariais certo dia profetizou que todo empresário precisa estar disposto a morrer mil vezes no caminho do sucesso, e, como veremos nos próximos capítulos, ao longo dos anos, meus sócios e eu fomos repetidamente testados. Em todas as vezes, a profecia dele foi confirmada. Essas tentações, como aceitar o emprego na United Press International, sempre parecem ser a "jogada inteligente" ou a "aposta segura", mas teriam significado comprometer a missão. Depois da jornada do herói em si, o mais difícil foi construir uma empresa baseada por completo em dinheiro gerado internamente. O processo foi, com frequência, pura e simples tormenta, e não raro nos vimos perdidos no deserto, perigosamente sem dinheiro, em vez de sem água.

Como disse meu mestre zen, no final não é o que fazemos, e sim o que deixamos de fazer, que faz a diferença. Levei trinta anos para decifrar esse enigmático *koan* zen, mas acho que agora compreendo que o que ele "não fez" é que fez toda a diferença em sua vida. Ele jamais traiu os próprios princípios.

6

O ALTRUÍSMO E A COMUNIDADE

Na minha primeira visita à Abadia de Mepkin, eu me vi na fila do almoço atrás de um frágil monge que aparentava claramente estar na casa dos 80 anos. Enquanto ele lenta e dolorosamente se abaixou para pegar uma das bandejas empilhadas à altura do joelho atrás do balcão, tentei com vigor conter minha impaciência. Mas, quando ele enfim a pegou, não avançou na fila. Em vez disso, para minha surpresa, virou-se de repente e me ofereceu, com um olhar de prazer infantil, a bandeja que pegara com tanta dificuldade.

Ao longo dos dias seguintes, presenciei tantos atos de bondade semelhantes que comecei a achá-los contagiantes. Não era a bondade em si que me inspirou, mas a maneira simples, natural e espontânea pela qual essa bondade permeava o mosteiro. Antes que me desse conta, passei a visitar o mosteiro com mais frequência, a permanecer lá por mais tempo, a me apresentar como voluntário para trabalhos extras e a oferecer bandejas aos demais o mais rápido que conseguisse. O engajamento dos monges com a comunidade era tão contagiante que não pude deixar de agir assim. A atmosfera era tão transformadora que eu me transformava sem nenhum esforço consciente de minha parte.

Padre Guerric é um urbano e sofisticado ex-pároco que me tomou sob sua proteção durante as minhas primeiras visitas a Mepkin. Certo dia, contou-me uma história que me ajudou a compreender de onde vinha toda essa atmosfera de bondade monástica que me cercava.

Quando Guerric chegou ao mosteiro, queria fabricar vinagres sofisticados e outros condimentos para Mepkin vender. Mas, quando apresentou a ideia ao abade em um dos seus encontros iniciais, o padre Francis lhe disse:

— É uma excelente ideia, mas estamos precisando mesmo é de alguém responsável pela enfermaria.

— Sendo assim — disse-me Guerric com um sorriso delicado —, lá fui eu para a enfermaria, e hoje troco comadres. Vim para cá servir a Deus por meio do serviço aos outros, não para brincar de fabricar condimentos. Minha primeira pergunta a Francis deveria ter sido como poderia ajudar a comunidade. Mesmo depois de tanto tempo, ainda me sinto envergonhado.

¤

SERVIR A COMUNIDADE DE MANEIRA ALTRUÍSTICA é fundamental para o sucesso dos negócios em Mepkin. Com muita frequência, o que debilita as empresas é um excesso de pessoas que se preocupam ansiosamente com o próprio sucesso e ficam de olho em qualquer um que possa ameaçar sua posição. Esse conflito interno não existe em Mepkin, pois todos estão exclusivamente concentrados em servir aos clientes e aos *stakeholders*. Isso não significa que os monges sejam autômatos insensíveis, sem necessidades individuais que precisem ser atendidas. Significa apenas que a cultura de Mepkin demonstra a cada dia que o caminho mais curto para alcançar essas metas individuais é servir à comunidade como um todo e à sua missão. Um recente artigo do *Wall Street Journal* descreveu muito bem esse fenômeno: "A menor distância entre dois pontos é o longo caminho que os rodeia". Quanto mais colocamos os outros em primeiro lugar, mais rápido atingimos nossas metas pessoais. Aparentemente, isso funcionou para o padre Guerric. Depois de seu período como chefe da enfermaria, e a pedido da comunidade, ele hoje dirige a loja de suvenires, abastecendo-a com produtos *gourmet* vindos diretamente da horta que ele enfim pôde cultivar.

Na qualidade de executivo de vendas durante muitos anos, passei a maior parte do meu tempo tentando desvendar o enigma da motivação humana. Experimentei todas as alavancas tradicionais — reconhecimento, prêmios e cotas

— com resultados prosaicos, até que por fim tropecei na resposta: o máximo desempenho emerge da pressão de grupo de uma comunidade que trabalha em prol de uma missão comum.

Foi então que compreendi que, assim como um fuzileiro, ao fazer coisas por nossos companheiros e pelo Corpo de Fuzileiros que nunca faríamos por nós mesmos, obteremos os resultados que procurávamos. Parei de administrar pessoas e comecei a administrar a cultura. Concentrei-me em construir uma comunidade, e, quando fiz isso, a receita cuidou de si mesma. Exatamente como na Abadia de Mepkin.

Parte do que torna tão difícil colocar a comunidade em primeiro lugar é que a ideia em si contraria profundamente o senso comum. Para a maioria de nós, pode parecer que o propósito da comunidade é servir o indivíduo. Contudo, o sucesso dos negócios monásticos depende da ideia inusitada de que o propósito do indivíduo é na realidade servir a comunidade. No Capítulo 3, argumentei que temos apenas a *impressão* de que queremos uma vida fácil de satisfação dos desejos. Mas um pouco de tempo devotado à contemplação, como fazem os monges, logo traz o discernimento da verdade inusitada: ficamos na realidade mais felizes e mais satisfeitos quando nos sacrificamos por algo maior que nós mesmos. E, por sermos criaturas gregárias, descobrimos que uma dessas coisas pelas quais vale a pena nos sacrificar é a comunidade.

Pode parecer, por exemplo, que o usuário final e principal beneficiário do trabalho do Habitat para a Humanidade é a pessoa necessitada que recebe uma casa. No entanto, os outros beneficiários, muito reais, são todas as pessoas que estão sendo transformadas, pouco a pouco, pela experiência comunal de construir uma casa em prol de uma missão de mérito. Esse é um benefício que o mero preenchimento de um cheque jamais poderá conferir. Foi porque esses benefícios comunais estavam tão em vigor na Abadia de Mepkin que me senti sendo transformado com tão pouco esforço de minha parte.

Na condição de alguém que passou grande parte da vida, tanto profissional quanto pessoalmente, tentando construir comunidades sustentáveis, o que é particularmente penoso para mim é que a maioria das pessoas que enfraquece as comunidades é boa e bem-intencionada. O que acontece é que a ideia de que as comunidades existem exclusivamente para servir aos indivíduos parece tão comum, óbvia e repleta de bom senso, que tiramos proveito das comunidades sem nos darmos conta disso.

O que é compreensível, por vários motivos. Na realidade, os psicólogos cunharam a expressão *indivíduo identificável* para explicar por que incorremos custos bem mais elevados para salvar uma única pessoa identificável do que incorreríamos para salvar um número bem maior de pessoas anônimas, pessoas que os psicólogos chamam de *vidas estatísticas*. Embora nenhuma despesa seja poupada na hora de salvar um mineiro preso em uma mina, não raro relutamos em gastar bem menos na segurança das minas para proteger pessoas que nunca veremos na televisão ou conheceremos pessoalmente.

Com muita frequência, em organizações corporativas, ou até mesmo sem fins lucrativos, os funcionários são indivíduos identificáveis, ao passo que os clientes são tratados como uma nuvem amorfa de vidas estatísticas desencarnadas. Em 1982, eu era vice-presidente de marketing de uma grande operadora de TV a cabo, e visitei um dos nossos sistemas em Nova Jersey. Durante uma reunião, questionei a maneira altamente punitiva pela qual os clientes que estavam em atraso eram tratados; eles eram imediatamente desconectados do serviço e obrigados a se humilhar, pois tinham de ir pessoalmente ao escritório da empresa para ter o serviço restabelecido. Meu interesse foi recebido por uma enxurrada de reclamações a respeito do "trabalho adicional" que os clientes faltosos criavam para a equipe. Ouvi em silêncio, até o furor diminuir, e então comentei com calma:

— Acho que entendi. Se apenas nos livrarmos dessa porcaria de clientes, o negócio fluirá com muito mais suavidade.

Para mérito deles, meus colegas decidiram relaxar consideravelmente sua política.

Padre Francis me disse certa vez que o monasticismo é, no fundo, anti-intuitivo, ou, mais precisamente, anticultural. Viver altruisticamente não é natural, e não raro seus benefícios não são óbvios. Se fossem, todos seriam altruístas. Assim como no caso dos meus colegas na empresa de TV a cabo, no exemplo que acabo de dar, é preciso certa contemplação para compreender que o egoísmo só *parece* encerrar o segredo do sucesso. E, mesmo quando compreendemos que o que realmente queremos é na verdade o altruísmo, é preciso disciplina para transformar essa compreensão em um hábito instintivo.

O mesmo vale para a comunidade. Paradoxalmente, precisamos de comunidades que nos ensinem o valor da comunidade, e essa é uma grande parte do que a Regra de São Bento, o campo de treinamento dos Fuzileiros Navais e o programa dos Doze Passos dos Alcoólicos Anônimos foram concebidos para fazer. E, tal como o noviço que conhecemos em capítulo anterior, que empurra monges de 90 anos para pegar a última porção de sorvete, descobrimos que tornar-se uma pessoa voltada para a comunidade requer muita contemplação e apenas, pura e simplesmente, trabalho. Não é fácil superar a tendência de nos beneficiarmos individualmente à custa da comunidade como um todo e de sua missão no longo prazo.

A resposta para o problema da comunidade *versus* indivíduo reside em manter em equilíbrio os interesses da comunidade e os interesses de pessoas ou classes de pessoas individualmente. Apesar da missão monástica de servir aos outros, nem todo mundo que deseja ingressar na comunidade de Mepkin é aceito. Antes de entrar, cada candidato é examinado por um psicólogo. Muitos desses aspirantes também já passaram algum tempo entre os monges como "observadores", para que eles e a comunidade possam discernir se existe compatibilidade. É raro, mas às vezes um noviço que tenha sido aprovado nessas triagens preliminares pode ser convidado a ir embora, porque os interesses da comunidade sobrepujam os de um monge individualmente.

Cabe ao abade, com as informações recebidas de seus irmãos, manter em equilíbrio os interesses da comunidade e os de pessoas em específico. Mas é importante lembrar que o serviço comunitário para os monges não envolve apenas servir uns aos outros, ou mesmo aos clientes e vizinhos. Significa também se sacrificar por conceitos abstratos como "Abadia de Mepkin", "monasticismo", "a comunidade", "a tradição cisterciense", "a Igreja", "a vida", além de por todas as pessoas que ainda não nasceram e que poderão um dia se beneficiar da sobrevivência a longo prazo de um lugar como Mepkin. Quando os fuzileiros se sacrificam completamente pelo bem do "país e do Corpo de Fuzileiros", estão se sacrificando por um senso de comunidade, que é bem maior do que a soma das pessoas que formam a comunidade tal como é conhecida.

Do mesmo modo, as corporações não existem apenas para dar emprego aos funcionários. Os interesses dos funcionários precisam ser mantidos em equilíbrio com os interesses, com frequência anônimos, de clientes, acionistas, fornecedores e *stakeholders*. Às vezes, todos os que formam esses grupos de interesse precisam ser capazes de colocar de lado as metas individuais, no interesse da missão global. Se não o fizerem, a corporação tem pouca esperança de continuar servindo quaisquer pessoas no longo prazo.

Nada disso, entretanto, tem a intenção de insinuar que a lealdade corporativa não é conquistada. Como vimos no Capítulo 5, Marc Schaefer e sua equipe na Truliant Federal Credit Union conquistaram a lealdade de seus funcionários e clientes ao permanecerem sistematicamente fiéis à sua elevada missão de serviço altruísta.

⌑

COMO MENCIONEI ANTES, durante os seis primeiros meses de atividade de nossa empresa, a Raleigh Group International (RGI), tudo o que fizemos foi batalhar. Pegamos pouco mais que biscates, que às vezes pagavam o salário mínimo, apenas para permanecer com as portas abertas — o que escassamente conseguimos. Nossa primeira chance surgiu quando Kenny Fleder nos ofereceu a oportunidade de nos tornarmos revendedores do produto de sua empresa, o SourceSafe.

Conheci Kenny quando ele ainda era aluno da Universidade da Carolina do Norte. Ateu e brilhante estudante de Física, Kenny acolheu positivamente a oportunidade de fazer parte de um grupo que abordava assuntos filosóficos e espirituais sem insistir em que abandonasse seu ceticismo. Tomando emprestadas as palavras de meu antigo mestre zen, as únicas coisas que eu insistia para que meus alunos aceitassem sem questionamento eram as seguintes:

1. Todos podemos ser um pouco menos tolos do que somos hoje.
2. O autoconhecimento é o conhecimento mais valioso.

Depois que ele se formou, Kenny e a esposa, Joyce, ingressaram no grupo de adultos que se reunia na minha casa nas noites de sexta-feira, o que nos manteve em estreito contato. Depois de trabalhar como programador durante mais ou menos um ano, ele e dois amigos começaram a One Tree Software na sala de estar de Kenny para criar o SourceSafe. (SourceSafe é um pacote de controle de versão, uma ferramenta para desenvolvimento de software que possibilita que equipes de programadores trabalhem juntas no mesmo código-fonte sem se sobrescreverem.)

Devo admitir que me mantive cético quando ele e seus parceiros abriram o negócio, mas logo me tornei um adepto. A receita da One Tree crescia a cada mês, apesar do fato de que, na condição de programadores, Kenny e seus parceiros não tinham nenhuma experiência em vendas e marketing. Desse modo, embora nós, pelo nosso lado, não soubéssemos nada a respeito de ferramentas para desenvolvimento de software, começamos a revender o SourceSafe.

O SourceSafe era um produto em uma embalagem *shrink-pack* vendido no varejo por apenas trezentos dólares. Embora a One Tree não pudesse nos oferecer nada em termos de apoio de marketing, conseguimos fazer 8 mil dólares em vendas no primeiro mês, por meio de visitas-supresa (as *cold calls*). Ficamos empolgados, embora tivéssemos que repassar 60% da receita para a One Tree. Enfim, tínhamos algo a que podíamos realmente nos dedicar. No mês seguinte foram 14 mil dólares e, no outro, 19 mil. Ainda trabalhávamos sem fazer retiradas, mas parecia que nosso projeto comunitário finalmente avançava.

Nesse meio-tempo, o grupo de adultos que se reunia na minha sala de estar também crescia. Com o tempo, decidimos colocar, cada um, cinco dólares em um chapéu todas as sextas-feiras para compensar quaisquer despesas que pudéssemos ter como comunidade. Pedi que alguém se apresentasse como voluntário para atuar como tesoureiro, e depois da reunião Kenny se ofereceu, com uma condição.

— Que condição? — perguntei.

— Se alguém se esquecer de colocar os cinco dólares, não quero mandar a pessoa embora. Vou abrir uma conta. E, se alguém nos deixar em situação embaraçosa, compensarei do meu próprio bolso.

— Isso é muito generoso de sua parte — retruquei —, mas você não pode ser nosso tesoureiro.

— Não entendi — replicou Kenny. — Isso aqui deve ser uma comunidade, uma fraternidade baseada na compaixão. Não é um cinema.

— Tem razão — respondi. — Não somos um cinema. Somos melhores do que um cinema. Por que trataríamos um cinema com mais respeito do que tratamos a nossa comunidade? A compaixão começa ao mostrar compaixão por você, como símbolo de nossa comunidade. É nossa função facilitar ao máximo a sua função. Se não começarmos a criar os hábitos certos a respeito das pequenas coisas, não ficaremos aqui por tempo suficiente para nos preocuparmos com as coisas importantes. Se alguém não puder mesmo pagar os cinco dólares, é uma coisa, mas apenas tirar vantagem da comunidade e chamar isso de compaixão é outra.

Lou Mobley certa vez me disse que sua meta na IBM Executive School era promover momentos eureca que produzissem uma reação como: "Nossa, nunca pensei nisso dessa maneira antes!". Foi essa a reação que obtive de Kenny. Ele aceitou o trabalho de tesoureiro, e, depois que esclarecemos nossa política, o assunto nunca mais veio à baila.

Não contei essa história para mostrar como sou melhor ou mais inteligente do que Kenny. Pelo contrário, Kenny é bem mais inteligente, e uma pessoa muito melhor que eu, e continua até hoje a ser um dos meus melhores amigos. Na verdade, contei essa história para exemplificar como está profundamente arraigada, até mesmo nas melhores pessoas, a tendência de achar que as comunidades só existem para servir aos indivíduos. Boas pessoas com boas intenções não são suficientes. Tornar-se uma pessoa voltada para a comunidade requer a própria transformação do ser. Requer mentalidade, visão de mundo e hábitos mentais diferentes. Significa trabalhar para se tornar um bom seguidor com a mesma intensidade com que se trabalha para se tornar um bom líder.

⋈

ASSIM COMO O PADRE GUERRIC na eclosão de sua formação, lutando para colocar os interesses da comunidade em primeiro lugar, os membros de nossa comunidade começaram a oferecer à comunidade tanta compaixão quanto ofereciam às pessoas apenas em caso de muita dificuldade, e em meio a contínuos lembretes. E, nesse meio-tempo, a parte mais difícil do meu trabalho como líder era promover essa transformação de atitude e mentalidade sem ser considerado insensível pelas pessoas.

Mais ou menos um ano depois de fundarmos a RGI, uma jovem que participava das nossas reuniões das sextas-feiras ingressou na firma como representante de vendas. Certo dia, ela veio até a minha sala, disse que seu pai estava morrendo e que precisava de uma licença. Atendemos ao seu pedido, mas vários meses depois a saúde do pai se estabilizou, e ela voltou a trabalhar. Seis meses depois, o pai teve uma recaída, e ela pediu outra licença. Eu lhe disse que ela tinha toda a minha solidariedade, mas que, se fosse embora de novo, eu teria que substituí-la. Compreensivelmente, ela ficou bastante transtornada.

Várias horas depois, um dos meus sócios me disse que ele e os outros representantes de vendas achavam que eu estava sendo insensível e injusto.

— Isto é uma comunidade — ele me disse. — Devemos cuidar uns dos outros.

Expliquei que não tínhamos dinheiro suficiente para permanecer em operação com um dos nossos quatro representantes de vendas em licença de novo.

— Mas tenho uma ideia — falei. — Se você e os outros representantes dividirem a meta das vendas de Janet e a adicionarem à de vocês, conseguiremos seguir em frente.

Os olhos dele se arregalaram.

Prossegui:

— Vocês estão partindo do princípio de que é função da comunidade substituir 25% da nossa receita sem substituir Janet. Querem oferecer compaixão sem o ônus de ter que pagar por ela.

Ele pensou por um momento e depois, de repente, respondeu:

— Entendi. Não teremos mais mandatos não financiados.*

Ele se retirou e espalhou a notícia. Todos trabalhamos juntos e, de algum modo, conseguimos manter a empresa em funcionamento e receber Janet de novo depois que seu pai, com o tempo, veio a falecer.

Foi somente aos poucos, e por meio de um sem-número de lembretes mútuos, que nossa empresa aos poucos deixou de ser um conjunto de pessoas bem-intencionadas e se transformou em uma autêntica comunidade. E, para-doxalmente, quanto mais forte a comunidade ia se tornando, mais fácil era oferecer gentilezas às pessoas, como aumentos não solicitados ou bonificações inesperadas. A menor distância entre dois pontos é o longo caminho que os rodeia.

O filósofo dinamarquês Søren Kierkegaard usou vívidos exemplos bíblicos e mitológicos para argumentar que o que torna difícil viver uma existência ética são as inúmeras maneiras pelas quais os interesses individuais entram em conflito com os interesses da comunidade. Os monges da Abadia de Mepkin transcendem esse conflito servindo altruisticamente sua comunidade, para que a comunidade, por sua vez, possa respaldar monges como o padre Guerric, que está vivendo o sonho dele.

No meu caso específico, tentar ser justo tanto com as pessoas quanto com a comunidade era a parte mais difícil e dolorosa da minha função. Significava muitas noites escuras da alma enquanto eu refletia intensamente a respeito de decisões e depois me repreendia quando estava errado. Mas a agonia valia a pena. Depois do sucesso inicial vendendo o SourceSafe, começamos a vender outras ferramentas de desenvolvimento de outras empresas. E, com o tempo, se deu um fenômeno peculiar. Mais ou menos três meses depois de pegar-

---

* Nos Estados Unidos, "mandatos não financiados" (*unfunded mandates*) são regulamentos e condições para receber verbas que impõem custos aos governos estaduais e locais ou entidades privadas, em que os custos não são reembolsados pelo governo federal. (N. dos T.)

mos uma nova linha de produto, recebemos um telefonema do presidente da companhia.

— Veja bem — disse ele —, sua equipe de vendas está superando a nossa por uma vasta margem. Você se incomodaria de nos enviar uma cópia da sua abordagem de vendas?

Isso acontecia com tanta frequência que se tornou uma espécie de piada; depois que pegávamos um novo produto, fazíamos pequenas apostas a respeito de quando iríamos receber o telefonema. Em todos os casos, compartilhamos com prazer nossa abordagem. Nós a teríamos compartilhado de qualquer maneira, devido ao compromisso com o serviço e o altruísmo, mas nesses casos era bem mais fácil. Sabíamos que não havia nada mágico a respeito de nossa abordagem. Não era o que os representantes diziam, e sim a maneira como diziam. Era a paixão implícita em nossas vendas que fazia toda a diferença.

Nossos resultados eram melhores porque resistíamos, com êxito, à tentação de controlar as pessoas. Em vez disso, concentrávamo-nos em construir uma cultura, algo que só emerge da pressão de grupo de uma equipe comunal que trabalha em prol de uma missão comum. E, ao agirmos dessa maneira, a receita cuidava de si mesma. Exatamente como na Abadia de Mepkin.

Ninguém acredita mais do que eu na ciência dos negócios. Nosso compromisso com o serviço e o altruísmo não significava evitar a monótona tarefa de estudar minuciosamente pilhas de pesquisas de mercado e relatórios financeiros em busca da mais ínfima vantagem comparativa. Na realidade, meu compromisso com o serviço e o altruísmo significava que eu tinha a obrigação moral de não deixar pedra sobre pedra na experimentação de uma técnica. Telefonei, por exemplo, para todos os vice-presidentes de marketing do nosso setor, sem conhecê-los, em busca de dicas, que todos, exceto um, nos ofereceram como cortesia — dicas que nos economizaram horas e dinheiro incontáveis. Mas, embora recomende esse exercício de humildade a todos os executivos que encontro, a ciência dos negócios não é nem de longe suficiente. Como os monges gostam de dizer, não é apenas a prece que você diz que importa. É a paixão com que você reza. E, exatamente como em Mepkin, é a autêntica comunidade, orando em uníssono, que reza mais fervorosamente.

☐

SEMPRE ME SENTI UM POUCO intimidado pelo irmão Laurence. Ele tinha um rosto longo, olhos tristes, e um porte e uma barba majestosos, e eu, às vezes, me perguntava se, assim como o último membro sobrevivente da ordem dos monges guerreiros, os Cavaleiros Templários, seu peitoral blasonado com uma cruz não poderia ainda estar escondido sob o hábito de capuz. Até mesmo para um monge trapista silencioso, o irmão Laurence vivia quieto demais em seu canto. Conservador ao extremo, aparentemente vivia apenas para rezar e, especialmente, para trabalhar. Trabalhava de maneira incessante, não raro passando os dias em cima da retroescavadeira amarelo-brilhante de Mepkin, conduzindo com despreocupação seu cavalo de batalha ajaezado no combate às gigantescas toras de carvalho destinadas a se tornarem lenha para aquecer a igreja. Aquelas enormes toras são as infelizes vítimas de tempestades com fortes ventos que periodicamente se aproximam, provenientes do mar, e cercam o mosteiro. Depois de serrar um carvalho tombado para fazer lenha com sua pesada motosserra, semelhante a uma espada, o irmão Laurence sempre removia com cuidado um broto da floresta vizinha e mobilizava seu recruta verde para servir como substituto.

Embora os outros monges obviamente sentissem um profundo afeto pelo irmão Laurence, eu o achava carrancudo e ameaçador — a ponto de, ao longo dos anos, só ter tido uma conversa com ele, que decididamente foi bastante breve.

A noite de véspera de Natal em Mepkin é o dia mais longo do ano. Os monges se levantam às três horas da manhã e mantêm sua rotina invariável o dia inteiro. No entanto, em vez de se recolherem às oito da noite como de costume, assistem à Missa da Véspera de Natal, que termina às dez horas. Depois da missa, o abade promove uma festa de Natal no refeitório, para a qual monges e hóspedes são convidados. Sidra de maçã e várias guloseimas de Natal são servidas, e, durante uma ou duas horas, todos compartilham uma grande dose de alegria natalina.

Em uma dessas festas, reparei que o irmão Laurence estava sozinho, observando, porém sem participar. Aproximei-me dele e lhe desejei Feliz Natal. Ele retribuiu meus votos, mas depois caiu em um mutismo tão profundo que se tornou estranho, até mesmo para um mosteiro cuja base é o silêncio. De repente, ele falou, através de um sorriso tenso:

— Não gosto muito de pessoas. Elas me deixam pouco à vontade. — E, com isso, desculpou-se e foi dormir.

Não creio que seu comentário tenha sido dirigido especificamente a mim, embora tivesse tudo para ter ficado com essa impressão. Cheguei à conclusão de que o irmão Laurence não era apenas um cavaleiro, mas um cavaleiro errante, determinado a perseguir o Santo Graal de maneira completamente solitária. Porém, não poderia estar mais enganado a respeito do bravo Laurence.

Quatro vezes por ano, o abade Francis promovia uma "festa da galinha". Todos convergiam para um dos quatro galinheiros do mosteiro, e 10 mil galinhas velhas eram ruidosamente retiradas das gaiolas, colocadas em reboques agrícolas e despachadas para se tornar canja. Trabalhávamos em equipes de dois homens, e, quando estávamos acabando, notei que o irmão Laurence havia separado com cuidado umas duzentas galinhas cacarejantes. Perguntei ao padre Christian o que aquilo significava.

— Laurence tem um incrível relacionamento com muitas das famílias de afro-americanos que moram por aqui — explicou ele. — Mais tarde, hoje ainda, ele colocará as galinhas em um caminhão e as entregará às pessoas que têm fome. Ele faz tudo o que pode por essas pessoas, e elas o amam por causa disso.

Fiquei aturdido. Havia categorizado o irmão Laurence como um solitário misantrópico, mas descobri que o serviço comunitário era tudo para ele. Our Lady of Mepkin está praticamente emparedada com igrejas batistas de afro-americanos, e o mosteiro tem um relacionamento maravilhoso com seus vizinhos. Gosto de pensar que grande parte desse mérito pertence aos intrépidos esforços do irmão Laurence. Encontramos nele uma pessoa cuja definição de comunidade e serviço comunitário era tão elástica que se estendia além dos muros da Abadia de Mepkin ou até mesmo dos clientes comerciais do mosteiro — abrangia a "comunidade", em seu melhor e mais verdadeiro sentido.

7

EXCELÊNCIA EM FAVOR DA EXCELÊNCIA

Ouço e esqueço.
Vejo e recordo.
Faço e compreendo.
– *Confúcio*

IRMÃO JOSEPH é a versão de Mepkin de são Francisco de Assis. Depois das refeições, você o encontrará infalivelmente dando uma busca minuciosa na cozinha para recolher cascas de pão e potes vazios de manteiga de amendoim para todos os esquilos, veados, pássaros, gambás e racuns que convergem para o magnífico carvalho situado no penhasco que dá para o rio Cooper, próximo da porta de sua cela no mosteiro. Irmão Joseph e sua variegada congregação parecem já ter visto com antecedência esse tempo profético, anunciado por Isaías, em que espadas serão forjadas em lâminas de arado e o leão se deitará pacificamente ao lado do carneiro.

O ministério de Joseph no reino animal o conduz bem além da vívida capela proporcionada pela copa juncada de musgo do carvalho — uma revelação que se configurou tão embaraçosa para mim quanto divertida para os monges. Certo dia, caminhava em meditação rumo aos Jardins dos Luce ao anoitecer, quando vi seis pares de olhos reluzentes me observando da floresta. Estreitando os olhos para tentar enxergar em meio à penumbra, tinha acabado de distinguir vagamente a forma dos animais quando eles, de repente, se precipitaram, uivando, da floresta. No início, mantive-me firme, mas logo me apavorei e bati em retirada para o mosteiro, de maneira apressada e bastante humilhante — para descobrir pouco depois que meus perseguidores, que me pareceram lupinos, eram apenas um bando de filhotes órfãos de raposa que haviam me confundido com irmão Joseph, achando que estava lhes levando o jantar.

A suave compaixão do irmão Joseph não se estende apenas a seus amigos alados ou com patas. Tenho o terrível hábito de deixar a bateria do meu carro descarregar por falta de uso quando visito Mepkin durante longos períodos. Sempre que isso acontece, o irmão Joseph pega seu carregador e alegremente ressuscita minha bateria sem nenhum indício da impaciência, que seria mais que merecida devido a meus sucessivos pecados de omissão.

Quando não está cuidando das necessidades dos animais e de outras pessoas, o irmão Joseph é um dos mais resistentes trabalhadores de Mepkin. Certo dia, chegou um caminhão com a carreta repleta de pilhas altas de sacos de 25 quilos do calcário que Joseph misturava à ração das galinhas por causa do cálcio. A maior parte dos membros da comunidade fora incumbida de ajudar a descarregar o caminhão, mas foi Joseph quem saltou sobre o veículo como um gato. Em seguida, foi descendo cada saco, enquanto nós, o restante do grupo, nos alternávamos apoiando-os nos ombros e empilhando-os. Não foi nada mau para um homem de mais ou menos 70 anos, de estrutura magra, porém resistente, mas que provavelmente não pesava mais de 65 quilos.

Durante todo o tempo que convivi com Joseph, só o vi exaltado em uma única ocasião. Dessa vez, além de estar sem bateria, meus pneus tinham arriado, e Joseph havia ligado o compressor de ar do mosteiro a fim de colocar ar fresco nos meus pneus moribundos. Pretendia eu mesmo fazer essa ressuscitação, mas, antes que pudesse me mexer, Joseph já estava agachado ao lado de um dos pneus. Mais uma vez, fiquei impressionado ao vê-lo assumir o comando e executar até mesmo a tarefa mais trivial com tanto entusiasmo, de modo que me aventurei a perguntar a ele por que fazia aquilo.

— Sou monge há mais de cinquenta anos — disse ele, praticamente gritando e me pegando desprevenido —, e ainda não gosto de acordar às três horas da manhã! Fui chamado para esta vida. Mostre-me um monge sem vocação, e lhe mostrarei um idiota ou um louco. Mas todo mundo é chamado para alguma coisa maior do que si mesmo. Aqueles que dizem que não são nunca aprenderam a escutar. Esta vida me ensinou a amar, e agora é fácil dar o melhor de mim, mesmo que eu ainda não goste de sair da cama.

O poder do sacrifício

QUANDO ÉRAMOS CRIANÇAS, meus sete irmãos mais novos e eu caminhávamos todas as manhãs até a escola católica de tijolos brancos empoleirada em um morro do outro lado de um vale, para onde dava a varanda frontal de nossa casa. Contrastando com sua ameaçadora reputação, as freiras franciscanas com seu sotaque irlandês eram todas, quase sem exceção, mulheres maravilhosas que apenas reforçavam o estereótipo de que Deus presenteia os irlandeses com um espírito vivaz e um malicioso senso de humor. Sempre que me queixava, as irmãs me diziam (embora, não raro, apenas parcialmente sérias) para parar de me lamentar e, em vez disso, oferecer minhas lamentações a Deus. Embora essa admoestação em geral tivesse o efeito desejado, nunca consegui entender o conselho delas. Esse Deus amoroso ficava de alguma maneira feliz em me ver sofrer?

No entanto, hoje acho que consigo entender melhor o que as santas irmãs tentavam me ensinar. O sofrimento que acompanha o sacrifício possui uma qualidade exclusiva. Qualquer espécie de desconforto nos traz "de volta a nós mesmos". Ele nos obriga a examinar de modo consciente o que fazemos e por que fazemos. O sacrifício nos retira da maquinal imersão no momento e nos convida a contemplar a "realidade mais ampla".

Os tipos certos de sacrifício, como uma pedra figurativa intencionalmente colocada no sapato ou um cordão amarrado no dedo, servem de lembretes de como queremos que seja nossa vida. Nesse sentido, o sofrimento sacrificial que a jornada do herói requer é um antídoto contra a tendência humana de sermos inconscientemente arrastados pelas exigências triviais da vida cotidiana, até que, como Rip van Winkle, nos pegamos passando a existência em estado letárgico ou emaranhados em uma coisa após a outra. O filósofo Nietzsche gracejou com sarcasmo: "Abençoados são os sonolentos, porque eles logo adormecerão", e não é por acaso que as tradições religiosas do mundo inteiro descrevem a espiritualidade como um processo de despertar. Não raro, é apenas o desconforto que é capaz de nos arrancar do estado de semidormência e nos tornar conscientes e autoconscientes, ou o que os monges chamariam de *plenamente atentos*.

Os votos monásticos de pobreza, castidade e obediência são comumente ridicularizados como relíquias atávicas de uma época em que um deus cristão implacável, sádico e que odiava o mundo aparentemente apreciava a visão da carne humana sendo "mortificada". Mas, como essas práticas ascéticas são comuns a muitas das tradições religiosas pelo mundo afora, deve haver outra coisa por trás disso. O asceticismo adequadamente praticado não é uma forma de masoquismo para os "pecados" do praticante. É uma maneira de incorporar, de modo intencional, uma fonte de atrito a fim de se permanecer desperto para o esforço que viver uma existência heroica requer. Nesse sentido, frequentar reuniões dos Alcoólicos Anônimos é uma prática ascética. O sacrifício requerido de comparecer a noventa reuniões nos primeiros noventa dias, como é incentivado pelos AA, lembra repetidamente ao alcoólatra em recuperação seu compromisso de permanecer sóbrio, ao mesmo tempo que insere com firmeza uma trava simbólica na engrenagem habitual da vida automática, que com frequência conduz a pessoa de volta à garrafa. Cumprir o ritual de dez visitas-surpresa por dia pode atender ao mesmo propósito nos negócios. Fazer visitas-surpresa para conseguir clientes pode ser apenas uma tarefa desagradável, ou ser oferecido como exercício para a superação do medo da rejeição e do fracasso, que nos perseguem a cada passo da jornada do herói. Uma vez mais, tudo depende de nos lembrarmos de mirar além do alvo em nossas aspirações.

O resultado final é que, quanto mais nos sacrificamos por uma meta ou missão, mais entusiasmados ficamos a respeito dessa meta ou missão. Imagine um calouro universitário decidido a se tornar médico um dia. Sua carga horária é pesada, repleta de matérias difíceis, de modo que, assim como um monge, ele asceticamente renuncia às festas ininterruptas que permeiam seu dormitório. Todas as vezes que ele resiste à tentação de participar de uma festa, é dolorosamente lembrado de sua meta. E o fruto desse sacrifício é que ele redobra a dedicação aos estudos. Por quê? Porque ele compreende que, se não o fizer, poderá muito bem acabar com o pior dos dois mundos: sem festas e sem terminar o curso de medicina. Em outras palavras, quanto mais ele se sacrifica, mais sério se torna a respeito daquilo pelo que está se sacrificando.

Geralmente achamos que nos sacrificamos por coisas com as quais nos importamos. No entanto, na contracorrente, podemos aprender a dar valor às coisas sacrificando-nos por elas. O sacrifício é um investimento de tempo e energia adicionado ao custo de oportunidade de todas as outras coisas que poderíamos estar fazendo com esse mesmo tempo e energia. E somos todos constituídos, em termos estruturais, para proteger um investimento tão precioso. Quanto mais nos sacrificamos, mais nos importamos; quanto mais nos importamos, mais intensamente motivados nos tornamos; e, quanto mais motivados nos tornamos, mais provável é que alcancemos nossa meta.

Essa fórmula de "mergulhar de cabeça" também explica por que os capitalistas de risco esperam que empresários incipientes tenham investido bastante na própria empresa antes de eles próprios investirem. Na realidade, quanto mais você investe, mais envolvido fica, e mais difícil é se retirar e abandonar todo o seu investimento.

É claro que nenhuma "fórmula" é perfeita. Às vezes, até mesmo o poder motivacional do sacrifício pode conduzir a resultados negativos. Tanto nos negócios quanto na vida pessoal, com frequência relutamos em desistir de estratégias deficientes precisamente porque estamos muito envolvidos com elas. Nos negócios, esses investimentos de tempo, energia e dinheiro são chamados de "custos já incorridos", e nossa tendência de deixar que esses investimentos anteriores influenciem as decisões atuais pode conduzir ao desastre. Os investidores não raro se recusam, de modo irracional, a vender com perda, e muitas corporações resistem de maneira inflexível a depreciar um negócio malsucedido que claramente vem drenando recursos, os quais seriam mais bem empregados em outro lugar. Nesses casos, o investimento de tempo e dinheiro, em geral, resulta em jogar dinheiro "no lixo" na vã esperança de que os sacrifícios anteriores possam ser recuperados.

Não existe uma resposta simples para esse antiquíssimo enigma do pôquer que envolve saber quando ficar com as cartas e quando desistir da mão, mas a tradição monástica de "excelência em favor da excelência" oferece algumas diretrizes.

Voltando ao Capítulo 5, a primeira lição é ter uma missão grande o suficiente. Se sua missão for fabricar objetos brancos, será muito difícil admitir que está na hora de aceitar suas perdas e começar a fabricar objetos pretos. Por outro lado, se, assim como os monges e como a Truliant Federal Credit Union, sua missão for deixar os clientes encantados, será muito mais fácil reinventar seu negócio. Se sua missão for se tornar uma pessoa ou empresa que valoriza a excelência, aprender a tomar decisões penosas, apesar dos custos já incorridos, fará inevitavelmente parte do seu programa. Não importa quanto se sacrifique pela excelência, você nunca terá que se preocupar se seu investimento o conduzirá a um caminho equivocado.

Mais adiante, em outro capítulo, veremos que os monges de Mepkin enfrentaram uma árdua decisão desse tipo quando abandonaram seu amado negócio de ovos e fizeram a transição para a atividade do cultivo de cogumelos. Essa decisão envolveu a depreciação de uma grande quantidade de instalações, equipamento e *know-how*, e o início de uma longa e laboriosa transformação que somente agora — após vários anos recuando no Deserto — começou a mostrar suas compensações. O segredo dessa transformação bem-sucedida é que não existe nada na missão de Mepkin a respeito dos ovos propriamente ditos. A paixão do monge pela excelência não está concentrada em um produto ou mesmo em um modelo de negócios. A missão monástica se concentra em uma maneira de fazer negócios, e não em um negócio específico. Mirar além do alvo do negócio fez com que uma difícil decisão comercial fosse bem menos traumática para os monges.

A segunda dica para lidar com a inevitável tensão entre determinação e masoquismo é a virtude monástica do discernimento. Os monges passam várias horas por dia em contemplação, e, como assinalamos antes, grande parte dessa contemplação é dedicada a discernir o que é verdadeiro do que *parece* ser verdadeiro. Repetindo, mire além do alvo: se uma grande parte de sua missão pessoal e organizacional for aprender a tomar melhores decisões, é impossível você se tornar dedicado demais à sua missão.

O *desapego* é a terceira virtude monástica que evitará a proteção do investimento de custos já incorridos à custa de melhores oportunidades. Discutiremos mais adiante, em profundidade, essa virtude monástica nos negócios, mas por ora é importante lembrar que o desapego não é o oposto do envolvimento apaixonado. O oposto do desapego é a *identificação*. São os perigos inerentes à identificação emocional que são tão bem captados na advertência de Wall Street: "Nunca se apaixone por uma ação".

A lição dos monges é simples: quanto mais você se concentra em princípios, valores e virtudes, em vez de em ações, produtos e serviços específicos, mais provável é que tome as decisões certas *a respeito de* ações, produtos e serviços específicos. A Truliant, por exemplo, vem investindo obsessivamente em construir uma cultura de serviço ao cliente. Em decorrência disso, ela está muito mais aberta às constantes mudanças nas demandas de mercado do que estaria uma empresa que fosse voltada apenas a ter lucro. E é extremamente difícil imaginar que o investimento da Truliant poderá um dia se tornar um custo já incorrido que terá de se tornar uma baixa contábil. As grandes decisões de negócios para monges e companhias como a Truliant são o subproduto de uma cultura baseada nos valores certos.

Criar um espírito de sacrifício compartilhado também é fundamental para superar o declínio do envolvimento dos funcionários e da lealdade corporativa que mencionamos anteriormente. A consolidação desse espírito depende da articulação de uma missão que valha a pena ser servida, e de usá-la para ter acesso ao desejo humano inato de uma coisa pela qual valha a pena se sacrificar, um impulso heroico que estamos chamando de anseio de transformação. O sacrifício, nesse contexto, não raro transcende suas conotações penosas e até mesmo onerosas. Ir à academia pode começar como um árduo sacrifício, mas com o tempo ir até lá com frequência se torna divertido.

Samuel Johnson disse certa vez que o conhecimento de nossa iminente execução confere um foco maravilhoso à mente. O mesmo poderia ser dito a respeito de qualquer coisa pela qual verdadeiramente nos sacrificássemos.

Quanto mais uma empresa investe na excelência, mais comprometida com a excelência ela se torna, até o dia em que se torna uma excelente empresa. Essa foi exatamente a abordagem que Jack Welch adotou na General Electric nas décadas de 1980 e 1990. Welch se concentrou obsessivamente em construir uma cultura de qualidade e excelência, até que conseguiu fazer com que a General Electric deixasse de ser uma velha e cansada relíquia da era industrial e se transformasse em uma das corporações de mais rápido crescimento e mais admiradas do mundo. Durante a gestão de Welch, nenhum dos produtos ou unidades de negócios da GE jamais se tornou sagrado demais para ser reinventado ou descartado. A única coisa sagrada era o espírito da excelência em si. Como afirmou o jornal *USA Today* a respeito dos monges fabricantes de cerveja de St. Sixtus, Welch estava preparado para infringir todas as regras consagradas, exceto o compromisso com a qualidade.

¤

O SUCESSO NOS NEGÓCIOS da Abadia de Mepkin se apoia na sua reputação de só oferecer produtos da mais alta qualidade. Trabalhei semanas a fio na "mesa redonda", a última etapa no processo de classificação, colocando embalagens de ovos nas caixas do padre Malachy de acordo com o tamanho. A esteira transportadora que joga constantemente embalagens sobre a mesa giratória tende a resultar em um trabalho que mais parece um furacão — uma tarefa que o padre Christian diz que "tende a causar pânico". Tinha que trabalhar vigorosamente apenas para permanecer uma ou duas embalagens à frente daquela roda persistente e sua detestável predileção por cuspir no chão ovos em perfeito estado quando achava que eu não estava prestando atenção suficiente. Em geral, eu tinha êxito, mas, na única ocasião em que não tive, o irmão John apenas sorriu da minha expressão encabulada, comentando:

— Não se preocupe com isso. Quebrar faz parte da natureza dos ovos. — Em seguida, ajudou-me a limpar a bagunça.

De vez em quando, o padre Stan, o administrador da área de alimentação, ou gerente de negócios na ocasião, perambulava pelo local e, gentilmente, me lembrava de que eu era o último baluarte do controle de qualidade antes que os ovos fossem despachados para o mercado. Não havia necessidade de me lembrar disso — não creio que algum dia na vida tenha levado um trabalho mais a sério. Apesar do meu pânico incipiente, examinava cada embalagem com os olhos e as mãos para detectar o ocasional ovo rachado. E, quando encontrava um, colocava a embalagem de lado com o mesmo senso de satisfação que alguém teria ao acabar de salvar sozinho a humanidade de uma catástrofe iminente.

Em qualquer estágio dos negócios de Mepkin, a qualidade é de suprema importância, e uma atitude de devoção prevalece não apenas no caso dos produtos, mas na maneira como a comida é preparada, a roupa é lavada e as casas dos hóspedes são limpas e arrumadas para as pessoas que irão participar do retiro seguinte.

Mas, embora qualquer pessoa na fila pudesse desligar a esteira transportadora dos ovos quando a qualidade estivesse ameaçada, a qualidade do produto não era a questão. O compromisso obsessivo de Mepkin com a qualidade é apenas subproduto de viver uma existência com atitude de devoção. A excelência em favor da excelência é o que realmente motiva os monges e impulsiona seus negócios monásticos. Todas as vezes que me sinto tentado a deixar de dar atenção aos detalhes ou a me acomodar em uma atitude do tipo "assim está bom", lembro-me de por que, para início de conversa, eu vou a Mepkin, e ofereço então a situação a Deus. Afinal de contas, por que me dar o trabalho de fazer o sacrifício de acordar às três da manhã para rezar se vou só vagabundear no trabalho?

No entanto, a atitude da excelência em favor da excelência que os monges evidenciam surge de algo ainda mais profundo. Com muita frequência, dividimos nossa vida profissional, pessoal e espiritual. Erigimos barreiras intransponíveis entre elas, o que conduz a contradições que beiram a hipocrisia. Para os monges, essas barreiras não existem. Eles vivem lado a lado, e os aspectos profissionais, pessoais, organizacionais e espirituais estão todos entrelaçados. Para um monge, chegar ao trabalho na hora não é apenas parte da descrição de sua função. É uma disciplina que desenvolve pessoalmente a força de vontade, que oferece, em termos organizacionais, a eficiência, e que oferece espiritualmente a compaixão a seus irmãos e clientes que ele reza para que Deus e os outros lhe concedam.

O segredo do sucesso dos monges não se deve ao fato de terem conseguido estabelecer um "equilíbrio saudável" e mítico entre a vida pessoal e a profissional. O segredo é que a sua vida pessoal, a organizacional e a de negócios são subconjuntos de uma única missão, elevada e abrangente: tornarem-se os melhores seres humanos que provavelmente podem ser. Assim como o irmão Joseph, os monges aprenderam a "oferecer a Ele" tudo o que fazem.

☒

COMO MENCIONEI ANTERIORMENTE, o padre Francis Kline, além de ser um dos líderes mais impressionantes que já conheci, também era um organista diplomado pela Juilliard que, para grande desapontamento do *New York Times*, desistiu de um lucrativo contrato de gravação e do estrelato garantido para ingressar em um mosteiro trapista. Certo dia, Meredith Parker, então presidente da divisão do SKS da Universidade Duke, disse-me que ela e os companheiros de estudo desejavam convidar o padre Francis para apresentar um recital na capela Duke da universidade, intitulado *Spiritual Bach*.

Embora eu duvidasse de que Francis fosse aceitar o convite para sair do mosteiro, fiquei emocionado com a audácia de Meredith, de modo que a encorajei a fazer uma tentativa. Afinal de contas, aprender que o impossível é muitas vezes possível era um dos principais lemas do SKS.

Por isso, vibrei quando o convite dela motivou Francis a sair do mosteiro para apresentar um de seus extremamente raros recitais de órgão. Mas, quando o conduzi rumo à entrada principal da capela, nenhum dos dois estava preparado para o que vimos.

Estávamos diante do cenário de multidão geralmente reservado a concertos de rock e finais de jogos de basquete. Centenas de pessoas se comprimiam na porta enquanto estações de televisão locais filmavam tudo. Impressionado e um pouquinho alarmado, abaixei a cabeça e protegi o padre Francis com os ombros, conduzindo-o à capela. Quando ele se encaminhou para o local do órgão, Will Willimon, deão da capela Duke e conselheiro do corpo docente do SKS, apareceu do meu lado.

— Nunca vi uma coisa assim — comentou ele. — Falei aos alunos que não ficassem esperançosos demais. Disse a eles que, se conseguissem cinquenta pessoas para assistir de graça a um recital de órgão, seria maravilhoso. Este lugar tem capacidade para 1.800 pessoas sem o santuário, e teremos sorte se conseguirmos colocar todo mundo, em pé, do lado dentro. E a vinte dólares por pessoa? — Em seguida, acrescentou com um sorriso malicioso: — Acho que nunca vou conseguir superar esse vexame com a garotada.

Em seguida, apresentou-me ao organista da capela, antes de escapulir para abrir os assentos do coro próximo ao santuário para a multidão transbordante. O organista apertou minha mão com vigor e disse realmente empolgado:

— Nunca atraímos uma multidão para um recital de órgão antes. Acho que isso mostra bem o que um pouco de publicidade pode fazer!

Mas eu tinha mais conhecimento do assunto. Sabia que nenhum centavo fora gasto em propaganda. Em vez disso, testemunhava os frutos de uma iniciativa popular da parte de um incansável grupo de alunos e de um punhado de adultos do nosso grupo das sextas-feiras, que tinham oferecido seu *know--how*. Durantes os últimos meses, observara com assombro enquanto, reunião após reunião, deixava os alunos — já sobrecarregados com uma pesada carga horária de cursos — assoberbados com uma quantidade de trabalho que faria empalidecer funcionários altamente remunerados.

A notícia do evento foi publicada em quase todos os jornais da Carolina do Norte; folhetos de propaganda foram distribuídos nas igrejas locais; por todo lado do *campus* da Duke, mesas eram administradas por ávidos estudantes que vendiam ingressos; anúncios no programa foram vendidos a comerciantes locais; estações de rádio de música clássica anunciavam incessantemente o recital; e estações de televisão foram convencidas a cobrir o evento. Muitos alunos foram além e compraram 20 ou 25 ingressos com uma atitude do tipo "venda-os ou coma-os". Enxergava ali muito mais do que "um pouco de publicidade".

Tomando fôlego, deslizei o olhar ao redor, observando a multidão comprimida, e reparei que dez ou doze estudantes tiravam de letra a organização do local: jovens universitários de paletó e gravata e jovens universitárias de vestido, cada um deles equipado com um *walkie-talkie*, conheciam bem seu trabalho e o executavam com tranquilidade. Foi quando avistei Meredith, o foco de toda essa atividade. Observei enquanto ela orientava com tranquilidade o tráfego de gente com seu *walkie-talkie*. Enfim, ela viu que eu a encarava e me lançou um sorriso calmo, que dizia: "Por que não relaxa? Está tudo sob controle". Então, relaxei.

Quando o recital começou, mais de 2 mil pessoas estavam dentro da capela Duke, e quase todas sentadas. Francis foi aclamado duas vezes em pé e recebeu críticas altamente elogiosas. O irmão Joshua comentou que Francis lhe disse o seguinte mais tarde:

— Uma casa cheia, um órgão incrível, e Bach. Tudo o que posso dizer é que eu dei o melhor de mim. Toquei do fundo do meu coração.

Ele com certeza o fez — assim como os alunos do SKS.

O que será que motivou aqueles alunos a promover um recital de órgão como se estivessem escalando o Monte Everest? Obviamente não foi dinheiro, opções de compra de ações ou a chance de uma promoção. Aquele ímpeto também, decididamente, não teve origem em uma recém-descoberta afinidade pela música clássica. E, embora a receita tenha se destinado à caridade, não creio que a resposta tampouco resida no serviço comunitário.

Em vez disso, o catalisador foi o desejo de fazer alguma coisa de maneira excepcional por nada além da própria recompensa. Um recital de órgão era apenas uma oportunidade de pegar todos os princípios relacionados com a jornada do herói e a autotranscendência, que discutíamos nos encontros semanais, e colocá-los à prova em tempo real, sob a pressão das limitações do mundo real. Foi meramente uma maneira de os alunos se esforçarem, deixarem sua zona de conforto e descobrirem, ao fazer aquilo, que a maioria de nossas limitações é autoimposta. Assim como ocorreu com o Raleigh Group International, aquela foi uma maneira de descobrir em primeira mão o que algumas pessoas empenhadas poderiam se tornar trabalhando juntas em uma missão de mérito. *Spiritual Bach* vive em minha memória, sobretudo, como um exemplo da paixão que pode ser produzida quando pessoas comuns sentem uma oportunidade *goat rodeo* para uma transformação do *ser*.

Sete meses depois do recital de órgão de Francis, os alunos criaram uma camiseta para comemorar o evento. Nas costas, estamparam com estêncil a seguinte citação de uma fonte anônima:

> Preste atenção a seus pensamentos porque eles se tornam ações.
> Preste atenção a suas ações porque elas se tornam hábitos.
> Preste atenção a seus hábitos porque eles se tornam seu caráter.
> Preste atenção a seu caráter porque ele se torna seu destino.

As camisetas foram todas vendidas em questão de dias. Quando levei os alunos a Mepkin em um retiro, eles deram uma de presente ao padre Christian. Ele comentou a citação estampada nas costas da seguinte maneira:

— Isso é tudo o que vocês precisam saber. — Depois, usou a camiseta por cima do hábito durante o restante do tempo de permanência deles.

Com o tempo, uma série de alunos do SKS ingressou em nossa empresa, em geral como representantes de vendas, depois que se formavam. No início, isso foi recebido com alarme por um diretor de vendas, de fora da comunidade, que tínhamos contratado. Os garotos não tinham nenhuma experiência em vendas; por sinal, não tinham nenhuma experiência em qualquer tipo de negócio. Além disso, ele achava que aquela era uma mera questão de favoritismo por um projeto de nossa preferência.

Mais tarde, cerca de um ano depois, ele veio até a minha sala.

— A propósito — disse ele —, você acha que consegue arranjar mais daqueles garotos do SKS? Eles não se interessam por dinheiro, e, francamente, não tenho a menor ideia a respeito do que os motiva. Mas são honestos, confiáveis e dão um duro danado. São os melhores funcionários que temos.

Ele próprio era um excelente funcionário, mas nunca conseguiu entender o que transformava aqueles jovens em funcionários intensamente envolvidos. Ao longo dos anos, muitos alunos do SKS prestes a se formar me disseram a mesma coisa, com um jeito de alguém que fizesse uma extraordinária descoberta:

— Sabe, nunca teria acreditado, mas ganhei muito mais preparando eventos do que assistindo aos eventos propriamente ditos.

Assim como o irmão Joseph e Jack Welch, eles tinham passado a entender que a excelência é a própria recompensa. Mas só chegaram a esse mágico entendimento tendo confiança suficiente para experimentar Confúcio no mundo real: "Ouço e esqueço. Vejo e recordo. Faço e compreendo".

Estudo de caso corporativo

LOUIS R. MOBLEY INSISTIA em afirmar que os grandes líderes e as grandes organizações se distinguem não pelas suas habilidades, mas sim pelos seus valores. Inculcar um valor como a excelência em favor da excelência não é algo que possa ser feito em uma aula. Na realidade, uma das descobertas mais importantes de Mobley foi que os valores só mudam por intermédio da experiência, motivo pelo qual a IBM Executive School prescindiu de produtos e livros-texto em prol de um programa completamente experimental. Mas, apesar do sucesso de sua escola, Mobley sempre acreditou que a melhor maneira de modificar valores era no trabalho, por meio da experiência em constante transformação desse local. Uma vez mais: o mais importante é a cultura. Então, como inculcar a excelência em favor da excelência em uma organização secular? No final da década de 1980, eu me vi exatamente diante desse desafio.

Trabalhava como consultor para uma companhia estabelecida em Washington, DC, chamada Data Broadcasting Corporation (DBC), quando o CEO me chamou. Ele estava insatisfeito com os resultados que o departamento de vendas vinha gerando sob a direção do então vice-presidente de vendas e me pediu que assumisse a tarefa. Fiquei fascinado com a oportunidade. Embora nunca tivéssemos conversado a respeito disso antes, minha análise correspondia à do CEO.

Muito tempo antes da internet, o *MarketWatch* da DBC oferecia o preço das ações em tempo real a operadores de *day trade* e aos fanáticos do mercado de ações por meio dos seus computadores residenciais. A Data Broadcasting Corporation era uma subsidiária da Financial News Network (FNN), e a propaganda na televisão da FNN gerava montes de dicas em forma de telefonemas de entrada com ligação gratuita. Além disso, o MarketWatch era um produto por assinatura que produzia o santo graal dos negócios: a receita recorrente.

Contudo, apesar de excelente produto, de uma abundância de dicas, da receita recorrente e de um pacote de remuneração mais do que generoso para a equipe de vendas, a receita era anêmica e, pior ainda, nivelada. Os 25 representantes de vendas que operavam os telefones pareciam trabalhar de modo mecânico, chegando tarde e indo embora cedo. A atitude deles me lembrava um pôster da revista *MAD* com Alfred E. Neuman sorrindo ironicamente sobre a legenda: "Eu, me preocupar?". Nesse meio-tempo, o então vice-presidente de vendas parecia mais interessado em ser amigo deles do que líder.

Porém, embora estivesse entusiasmado com o desafio de modificar essa cultura, falei ao CEO que havia um problema. Presidia um encontro do SKS às quintas-feiras e também o nosso grupo de adultos às sextas, de modo que só poderia estar na empresa três vezes por semana.

— Não tem problema — resmungou o CEO. — Estou convencido de que você será capaz de fazer mais coisas em três dias do que estão conseguindo fazer agora em cinco.

Há alguns anos, li uma história no *Wall Street Journal* a respeito do homem que recuperou o sistema do metrô de Nova York. Na qualidade de alguém que tinha conhecido as abomináveis condições que prevaleciam antes da chegada dele, li com avidez o artigo. Apesar do sem-número de problemas aparentemente insolúveis que herdou, a primeira coisa que ele fez foi se concentrar em eliminar o grafite dos trens. Todas as vezes que um trem terminava seu percurso, era repintado e enviado de volta ao circuito, privando os grafiteiros da chance de saborear seu trabalho. Desmoralizados, não demoraram a desistir.

Mas a atitude dele envolveu mais do que a limpeza dos trens. Acabar com o grafite foi uma brilhante medida simbólica. De uma só tacada, sinalizou-se dramaticamente, tanto para os funcionários quanto para os usuários, que havia um novo xerife na cidade: alguém que não mais toleraria o *páthos* e a mediocridade dos hábitos consagrados. Em vez de desperdiçar seu capital político em questões que levariam anos para ser realizadas, ele escolheu uma medida simbólica altamente visível que oferecia a chance de uma vitória rápida e decisiva: uma vitória que proporcionou a confiança e a margem de manobra de que precisava para dar um passo ainda maior. Com o tempo, ele repetiu esse processo de utilizar uma vitória como alavanca para metas maiores e vitórias mais abrangentes, até que, pouco a pouco, transformou o sistema do metrô de Nova York.

Usei a mesma abordagem na DBC. No dia seguinte, cheguei duas horas mais cedo para ter certeza de que seria o primeiro a chegar. À medida que cada representante de vendas entrava na sala, eu afavelmente me apresentava como o novo vice-presidente de vendas. Isso continuou até as nove horas. Depois disso, cada pessoa que chegava recebia o mesmo tratamento, com duas palavras adicionais:

— Você está atrasado.

No dia seguinte, fiz a mesma coisa, e apenas uns dois representantes chegaram atrasados. No terceiro dia, maravilha das maravilhas, todos os representantes chegaram na hora. Nesse meio-tempo, mal apareci na minha sala durante o dia. Tentei estar em todos os lugares ao mesmo tempo, fazendo perguntas, oferecendo estímulo, e examinando políticas e procedimentos que, embora predominantemente lógicos, havia muito eram mais transgredidos do que respeitados.

Dei um fichário para cada representante de vendas, e, quando lembrei a eles que era uma política da empresa, por exemplo, que cada representante estivesse na sua cadeira pronto para vender quando um comercial passasse na FNN, corri para minha sala, redigi um memorando com esse objetivo e lhes dei instruções para que o adicionassem ao fichário. Pouco a pouco, criei um manual que deixava pouco espaço para ambiguidade.

Quando eles reclamaram que era difícil se lembrar de quando os anúncios passavam, criei um quadro com a programação e passei a atualizá-la diariamente. Ouvia com atenção o *feedback* deles e eliminava políticas inúteis ou contraproducentes, mas lhes disse que, a partir de então, não haveria desculpas para quando deixassem de seguir qualquer política da companhia que tivesse sobrevivido à nossa triagem. Os representantes eram agora responsáveis por essas políticas específicas, mas, o que foi mais importante, usei esse manual para sinalizar uma nova cultura de responsabilização.

Durante esse período, não proferi nenhum discurso. Tampouco fiz ameaças. Concentrei-me em demonstrar que iria liderar ficando na linha de frente, trabalhando mais arduamente do que qualquer um, e que a mediocridade dos hábitos consagrados não seria mais tolerada. A falta de pontualidade e as políticas não eram minha principal preocupação. Eram apenas representações simbólicas que usei para alcançar minha verdadeira preocupação: a atitude de relaxamento. Passei até a andar e a falar mais rápido, a fim de demonstrar o senso de urgência que esperava encontrar neles. Embora nunca tenha mencionado a produção de vendas, tivemos uma elevação modesta, porém visível, nas vendas nesses primeiros dias.

Na segunda-feira seguinte, compareci à primeira reunião formal usando um chapéu de caubói. Disse a eles que estava tão satisfeito com nosso progresso que iria fazer um torneio. Mas primeiro contei uma história.

— Meu amigo Pat Grotto — falei — é a pessoa mais animada e o melhor vendedor que já conheci. Também é o único italiano que já vi que tem 1,92 metro e pesa cem quilos. Certo dia, ele me disse: "Augs, o que devo fazer? Tenho a reputação de ser o melhor pistoleiro de vendas do Oeste, e ela me segue aonde quer que eu vá. Todos esses jovens rebeldes da área de vendas estão sempre aparecendo e querendo competir comigo. Querem sacar a arma e atirar em mim. Por quê? Por quê? Você me conhece, Augs, você sabe que sou um homem da paz, com um coração de ouro. Tudo o que quero é pendurar meu revólver, comprar uma fazenda e cultivar feijões-de-lima. Mas esses jovens pistoleiros não me deixam em paz. Eu apelo, imploro a eles. Olhe para estas mãos! Estão cobertas de sangue! Eu lhe suplico: diga a eles que parem de fazer isso, que não saquem a arma contra mim!'".

Continuei:

— Em seguida, meu amigo contraiu os lábios, seus olhos castanhos faiscaram, e ele sibilou entredentes: "Mas eles não escutam. Nunca escutam. Eles precisam saber [...] precisam saber [...] eles tentam sacar a arma, e EU OS DERRUBO COMO SE FOSSEM CACHORROS!'".

Imitando Pat, concluí a história quase aos gritos, o que obteve o efeito desejado de reduzir a tensão com humor enquanto a desenvolvia, preparando o clima para o que viria em seguida. Disse a eles que, em alguns momentos, ia atirar meu chapéu de caubói no meio da mesa. Uma pessoa iria pegá-lo e colocá-lo na cabeça. Esse gesto avisaria ao resto da equipe que ele era, assim como Pat Grotto, o pistoleiro de vendas mais rápido do Oeste.

Esse pistoleiro se aproximaria então dos outros representantes e imploraria para que não "sacassem sua arma" contra ele. Cada representante, por sua vez, teria a opção de aceitar ou rejeitar esse desafio direto e pessoal. Se o pistoleiro mais rápido conseguisse derrubar todos os desafiantes "como um cachorro", ele receberia quinhentos dólares em dinheiro vivo. Qualquer desafiante que vendesse mais do que o pistoleiro receberia cinquenta dólares.

Mas, antes de jogar meu chapéu na mesa, acrescentei mais uma mudança. Até aquele momento, o procedimento de vendas tinha sido receber os telefonemas do MarketWatch, com pouco esforço para fechar uma venda na primeira chamada. Em vez disso, um material impresso e uma demonstração eram enviados para a pessoa que tinha telefonado, e os representantes esperavam que o possível cliente retornasse a ligação e fizesse um pedido.

Eu sabia que um cliente em perspectiva, em especial aquele que está suficientemente motivado para pegar o telefone e fazer uma ligação, fica muito entusiasmado com um produto ou serviço na primeira vez que ouve falar nele. Em decorrência, minha pequena mudança no processo foi que apenas as vendas feitas em "um telefonema, um fechamento, um cartão de crédito" contariam para o torneio. Em seguida, joguei o chapéu na mesa...

Todos os olhos ficaram grudados no chapéu, mas ninguém se mexeu ou pronunciou uma única palavra. O silêncio se tornou ensurdecedor, mas ainda assim ninguém se mexeu. E se ninguém pegasse o chapéu? A desmoralização seria tão devastadora que talvez nunca mais me recuperasse.

De repente, Scott Wilkes agarrou o chapéu e o colocou na cabeça. Em seguida, confrontou cada membro da equipe, e todos eles, apesar da ameaça que fez de derrubá-los, aceitaram o desafio.

Minutos depois, os telefones começaram a tocar, e os representantes passaram a vender como se o destino do mundo estivesse em jogo. Mas, embora houvesse ficado aliviado com a reação deles, estava preocupado a respeito do meu matador profissional.

Scott, que tinha um diploma de ensino médio e era um ex-podador de árvores, era a última pessoa que eu esperava que fosse pegar o chapéu. Ele vendia pouco e parecia carecer da sofisticação e habilidade para lidar com pessoas requeridas pela área de vendas. Porém, seu *status* de provável fracassado, aliado à coragem que precisou ter para pegar o chapéu, tinham conquistado meu coração, sem mencionar que esse ex-podador de árvores possivelmente havia salvado minha pele.

No final do primeiro dia, Scott liderava, apesar de as vendas terem explodido. No segundo dia, aconteceu a mesma coisa. No terceiro dia, perambulei pelo salão de vendas bem na hora que um comercial da FNN terminava, e os telefones começaram a tocar. Alheio à minha presença, Scott ficou em pé de um salto e gritou para a recepcionista que direcionava as chamadas:

— Passa um pra mim. Pelo amor de Deus, passa um pra mim!

A recepcionista, assustada, encaminhou uma chamada para ele, e Scott logo conseguiu um novo cliente. Em seguida, ele me flagrou dando-lhe um enorme sorriso.

— É isso aí — disse ele, sorrindo abertamente em resposta. — Essa expressão nos seus olhos. Minha mulher diz que eu agora também tenho esse olhar estranho!

Scott ganhou o torneio com facilidade, e não creio que eu já tenha ficado mais feliz por outro ser humano. Mas a coisa não terminou aí. Ao longo das semanas e dos meses seguintes — apesar de o incentivo monetário adicional não estar mais em vigor —, Scott foi sistematicamente o representante que ficou em primeiro ou segundo lugar nas vendas. Como não consegui atribuir seu desempenho apenas às suas habilidades, enfim parei na mesa dele e fiz perguntas a respeito. Por que, perguntei, ele tinha deixado de ser o vendedor que ficava sempre na rabeira e passara a ter um desempenho excepcional no intervalo de apenas uma semana?

— Muito simples, Augie — respondeu ele, levantando os olhos para mim através das lentes grossas dos óculos. — Uma vez que você conhece a sensação de dar o melhor de si, nunca, jamais, deseja voltar atrás.

Tudo o que pude fazer foi lhe dar um forte e silencioso aperto de mão.

Aquele torneio de uma semana foi um divisor de águas transformacional. Ninguém queria voltar atrás. Embora não houvesse mais incentivos especiais, as vendas duplicaram, depois triplicaram e, então, quadruplicaram. Nesse meio-tempo, o espírito de excelência pouco a pouco se espalhou para outros departamentos, até que todos avançávamos em uníssono. Todos trabalhavam dez vezes mais e se divertiam mil vezes mais. Todas as semanas, eu pegava o avião para Raleigh, ia para os meus encontros e voltava no domingo, deixando um dos representantes no comando. Eles não recebiam nenhuma remuneração adicional pelas tarefas de gerenciamento, mas os representantes competiam pela função, e as vendas na verdade aumentavam quando eu estava ausente.

Fiquei tão impressionado com esse fenômeno, que resolvi me arriscar de novo. Depois de dois trimestres de crescimento espetacular, decidi entregar à equipe de vendas o controle total do último trimestre do ano fiscal da DBC, que coincidia com o Natal. Tão logo fiz meu pronunciamento, todos os funcionários da área de vendas, inclusive a equipe administrativa, desapareceram em uma sala de reuniões. Emergiram de lá com vários "capitães" eleitos como encarregados de definir nossa meta para o quarto trimestre e fazer com que fosse atingida. A meta deles era tão agressiva que fiquei tentado a interferir, por medo de que sofressem um desapontamento. Mas eu dera a minha palavra, de modo que tudo o que pude fazer foi recuar e observar.

Durante três meses, fiquei sentado de braços cruzados em um papel puramente consultivo — a função mais difícil que já tive na vida. Quando faltavam duas semanas para o fim do trimestre, não estava claro se iriam conseguir. Não havia nada que eu pudesse fazer a não ser roer as unhas até o sabugo. Foi então que, em uma arrancada final, na última semana, na derradeira hora, eles atingiram a meta "impossível".

Mais tarde, descobri que, naqueles últimos dias, os representantes abriram mão das próprias comissões em prol de possíveis clientes, repassando-as como desconto para poder atingir a meta. Insisti com a empresa para que fossem reembolsados. (O capitão por trás desse estratagema altruísta era um rapaz de 22 anos que tinha abandonado a faculdade. Era uma máquina de fazer vendas e um líder emergente chamado Jay Hall — meu futuro sócio na RGI.)

Para comemorar, demos uma enorme festa de Ano-Novo para toda a empresa. Durante a comemoração, um dos nossos programadores veio falar comigo. Estava bastante alterado.

— Escute — disse ele, arrastando levemente as palavras —, as vendas aumentaram cinco vezes em nove meses. Qual é o segredo?

Levando em consideração a mentalidade técnica do rapaz, bem como a condição em que ele se encontrava, respondi apenas:

— Foi assim que eles quiseram.

Ele franziu a testa e balançou a cabeça.

— Não entendo. O produto é o mesmo, o preço é o mesmo, as dicas são as mesmas e as pessoas são as mesmas. Droga, até mesmo as comissões são as mesmas. E antes, eles não queriam fazer isso?

— Queriam. Mas agora eles querem de verdade.

Achando que não valia a pena continuar a conversa, ele apenas meneou a cabeça e foi pegar outra bebida.

Talvez eu tenha me aproveitado da embriaguez do rapaz, mas sinceramente não consegui pensar em uma maneira de explicar o que ele queria nas 25 palavras ou menos que ele esperava. Aquele rapaz desejava uma técnica, e tudo o que eu tinha a oferecer era um estilo de vida. O "segredo" era que, exatamente como os monges, por meio de muitas coisas, predominantemente pequenas, eu havia entrado em contato com o anseio humano universal de transformação. Na realidade, não tinha feito nada. Apenas possibilitado que algo que sempre estivera presente, esperando para acontecer, de fato acontecesse. Nossos resultados no último trimestre, por exemplo, dependeram da minha disposição de renunciar ao controle, ou, como diriam os monges: "entregue os pontos e deixe que Deus aja".

Scott Wilkes foi quem melhor o expressou. Quando conhecemos a sensação do que é a excelência em favor da excelência, jamais vamos querer voltar atrás. A função da liderança é definir expectativas e estabelecer condições para que essa experiência transformacional aconteça. O mais importante é que é função da liderança dar o exemplo. Como disse meu amigo da Microsoft, tudo diz respeito aos *goat rodeos.*

Scott Wilkes acabou deixando a DBC e se mudou com a família para a Califórnia. A última notícia que eu tive foi que ele havia tido dois filhos, fora promovido muitas vezes e ganhava agora 300 mil dólares por ano. Nada mau para um rapaz com diploma de ensino médio, de trinta e poucos anos, no início da década de 1990, que mais ou menos um ano antes de nos conhecermos trabalhava subindo em árvores e ganhando salário mínimo.

⌑

INCULCAR UM VALOR como a excelência em favor da excelência é tanto arte quanto ciência, mas um cuidadoso exame do estudo de caso da DBC revela uma série de lições.

1. *Os seres humanos são criaturas simbólicas.* Como Carl Jung ressaltou na sua obra seminal *Psyche and Symbol*, quase tudo na vida simboliza alguma coisa mais profunda. Até mesmo as palavras são simbólicas. Quase tudo o que fiz na DBC foi simbólico; até mesmo o prêmio em dinheiro que ofereci no torneio do pistoleiro foi predominantemente simbólico. Não é por acaso que os monges trapistas estão cercados por símbolos significativos.

2. *Não troque o exemplo pelo discurso.* Meu pai sempre dizia que o principal erro que os pais cometem com as crianças é trocar o exemplo pelo discurso. Eu não disse apenas aos representantes que tinham de chegar na hora. Eu dava o exemplo, chegando duas horas mais cedo ao trabalho. Nunca faça sermões. Aja.

3. *Agarre a iniciativa.* As percepções são realidade, e nada cria melhor a percepção da mudança do que se mover com rapidez. Lembre-se do que meu chefe e mentor Jim Collins me disse: "Augie, quando pegar uma nova tarefa ou atribuição, contrate alguém, demita alguém, reorganize a mobília... Mas, não importa o que fizer, faça rápido!".

4. *Concentre-se, concentre-se, concentre-se.* Embora parecesse que eu estava fazendo mil coisas ao mesmo tempo, havia me concentrado em uma única coisa: criar uma cultura de excelência. Até mesmo os resultados financeiros das vendas raramente passavam pela minha cabeça, a não ser como um barômetro para medir quanto vinha conseguindo mudar a cultura. No final, a questão não era dinheiro. Se fosse, os representantes não teriam aberto mão das próprias comissões para atingir a meta coletiva.

5. *Acompanhe, acompanhe, acompanhe.* Mudei gradualmente centenas de coisas na DBC, mas só introduzia uma mudança se tivesse tempo para acompanhá-la impiedosamente. Acompanhei o processo na DBC até a mudança de comportamento ter se tornado tão habitual e automática, que só precisava verificar de vez em quando como andavam as coisas. Ao acompanhar até as menores coisas, demonstrei que a excelência precisa ser a norma, não a exceção.

6. *Corra riscos.* Meu torneio do mais rápido atirador e minha decisão de deixar os representantes dirigirem as vendas foram iniciativas repletas de riscos. Mas, se não estivesse preparado para correr riscos, como poderia esperar que pessoas como Scott Wilkes e Jay Hall se arriscassem? A jornada do herói é um empreendimento arriscado, e sem risco não há progresso. Além disso, qual é a graça de uma aventura sem riscos?

7. *Estilhace a caixa de vidro.* Cada pessoa, departamento ou empresa com o tempo se encerra em uma caixa de vidro: uma caixa de suposições a respeito do que é possível. Por um tempo enorme, romper a barreira da milha em quatro minutos era considerado impossível. Mas, quando Roger Bannister quebrou essa barreira, em poucos meses muitos repetiram a façanha. O mesmo é válido para a área de negócios. Encontre uma pessoa ou um departamento ansioso por uma mudança e concentre-se nele até que a caixa de vidro tenha sido quebrada. Todos farão a mesma coisa depois. O torneio na DBC foi concebido para executar essa função. Ao estilhaçar a caixa, Scott Wilkes demonstrou que qualquer pessoa poderia fazer o mesmo, e esse solavanco inspirador foi crucial para modificar a cultura do departamento.

8. *Não mude tudo ao mesmo tempo.* Concentre-se em algo pequeno, obtenha uma pequena vitória, transforme-a em um pequeno padrão bem aprimorado, e somente então implemente-a. Cada mudança que fiz na DBC foi provisória a princípio. Durante quase toda a primeira semana, eu a gerenciava intensivamente, procurando as consequências que deixara de considerar durante o processo de planejamento. Quando obtinha todo o *feedback* de que precisava, reestruturava a mudança, se necessário, e apenas depois ela entrava em operação.

9. *Você precisa se importar.* Nenhuma dessas medidas dá resultado se você não se importar profundamente com as pessoas. Posso ter sido considerado como uma figura de autoridade, mas me importava profundamente com todas as pessoas na DBC, e elas responderam na mesma moeda. Quando deixei a DBC, uma das representantes pediu para falar comigo.

   — Augie, você é o maior pé no saco que já conheci — disse ela —, mas nunca, nem nos meus sonhos mais loucos, imaginei que poderia ser tão bem-sucedida. Por que você se importava tanto comigo?

10. *Tudo diz respeito à missão.* O dinheiro desempenhou seu papel na DBC, mas primordialmente como símbolo que assinalava algo muito maior: a missão e a oportunidade de transformação que essa missão represen-

tava. Não foi o fato de Jay Hall ser um vendedor ou líder tão magnífico que me chamou a atenção. Sua disposição em abrir mão das próprias comissões e convencer os outros a seguir seu exemplo demonstrou que ele era capaz de colocar a missão, o bem do todo, na frente de seus desejos egoístas. Foi sua atitude de serviço e altruísmo que o tornou alguém que passei a desejar como futuro sócio e amigo para a vida inteira.

8

PADRÕES ÉTICOS, OU POR QUE COISAS BOAS ACONTECEM A PESSOAS BOAS

Confesso que, quando estou na Abadia de Mepkin, sinto orgulho de pensar em mim mesmo como alguém com quem os monges sabem que sempre podem contar. Sinto uma enorme satisfação quando o irmão John me pede que ajude o padre Guerric a levantar árvores de Natal ou que auxilie o irmão Hugh enquanto ele alimenta com enormes toras de carvalho a imensa fornalha a lenha que aquece a igreja. De vez em quando, também tento cooperar, mesmo que não me peçam, limpando uma das geladeiras, e acho que conquistei o coração do irmão Edward ao surpreendê-lo ocasionalmente com um chão recém-esfregado quando ele retornava aos seus afazeres na cozinha depois da sesta do meio-dia — se bem que, na primeira vez que fiz isso, usei tanto produto com perfume de pinho que, em vez de limpar a sujeira do chão, acabei expulsando os monges do refeitório.

Além da oração, nada está mais próximo do coração trapista que o trabalho — o irmão Nick me contou que as pessoas na França ainda usam a expressão "ficar tão sujo quanto um trapista" para descrever um árduo dia de trabalho. Nada me faz sentir mais perto da vibração de Mepkin do que quando o irmão John, com naturalidade e sem relutância, me pede que faça algum trabalho extra no mosteiro. Talvez essa seja a ocasião em que chego mais próximo de me sentir como se fosse um membro da comunidade.

O padre Stan é agora o abade de Mepkin, mas, quando o conheci em 1996, ele era o administrador da área de alimentação, ou gerente de negócios. Certa noite, logo depois do último serviço monástico, o padre Stan sussurrou que queria que eu o encontrasse em seu escritório logo depois da vigília, às quatro horas da manhã. Quando cheguei, entramos em seu carrinho de golfe e nos dirigimos através de uma manhã fria e escura para a casa de classificação de ovos, onde rapidamente carregamos o caminhão de entregas do mosteiro com embalagens de ovos refrigerados. Quando terminamos, ele me pediu que o acompanhasse como seu ajudante, mais tarde naquela manhã, quando fosse fazer as entregas.

O padre Stan é um homem jovial e de constituição forte, tendo uma barba cortada bem rente, que combina com o cabelo também cortado bem rente que envolve sua cabeça prestes a ser entregue à calvície. Afável e tranquilo, Stan sempre manteve um ar de serena competência: um homem que sabia o que fazia e dava continuidade a essa atitude. Stan também me impressionava agradavelmente como alguém com qualidades de um homem comum, um "cara normal", impressão que era reforçada pela maneira solícita pela qual ele tratava as jovens que eu levava a Mepkin como parte de um retiro do SKS — até mesmo convidando as moças para irem à casa de classificação de ovos para que vissem como os ovos eram processados, apesar da placa na qual se lia: "Apenas para membros do mosteiro" que monte guarda sobre a estrada que conduz à "fábrica de ovos".

Mas, apesar do senso de humor autodepreciativo que o levou a tirar o chapéu da cabeça calva enquanto corríamos no carrinho de golfe e dizer: "Adoro sentir o vento nos meus cabelos", Stan é incrivelmente sério a respeito de sua vocação monástica.

Ele ingressou em Mepkin como postulante dias depois de se formar no ensino médio. Na festa de despedida que seus amigos lhe ofereceram antes de ele partir, Stan comeu tanta melancia quanto conseguiu aguentar, porque estava convencido de que nunca mais comeria sua fruta preferida. A família dele ficou tão arrasada com sua decisão de se tornar um monge que seu pai se recusou a falar com ele durante anos. À luz dessas revelações, eu lhe perguntei se ele tinha algum remorso.

— Tenho — respondeu ele com um meio sorriso. — Deveria ter vindo para cá antes.

Mais tarde naquela manhã, enquanto saíamos pelos portões do mosteiro, com Stan no volante de um caminhão carregado de ovos, lembrei-me desse comentário quando o vi apalpando as contas de seu rosário. O que, para mim, era uma chance de pegar a estrada e ver a paisagem, para Stan era apenas uma chance de incluir algumas preces adicionais.

Mas o que realmente me impressionou naquela viagem foi a maneira como Stan era cumprimentado em cada mercearia que visitávamos. Longe de ser tratado apenas como outro fornecedor, era recebido como alguém da família. Estava claro que, assim como eu tinha um senso de entrosamento quando fazia algum trabalho extra no mosteiro, todo o pessoal das mercearias considerava um privilégio poder comercializar os ovos de Mepkin — um privilégio que lhes proporcionava um sentimento caloroso, mesmo que tênue, de estar conectados a algo maior e mais nobre do que eles próprios.

Então, em uma das lojas, topamos com um dos compradores da rede. O homem segurou Stan por um longo tempo, defendendo sua ideia de comercializar os ovos de Mepkin como um produto *premium*, por um preço substancialmente mais elevado do que o dos ovos que ele comprava dos outros fornecedores. Stan ouviu com paciência e agradeceu ao homem pela bondade dele (o comprador não queria nenhuma parte do aumento do preço para si mesmo), mas declarou:

— Um ovo é um ovo.

Os irmãos, em sã consciência, não poderiam justificar cobrar mais do que o preço habitual. O comprador ficou assombrado, e eu também. Nunca na minha carreira de negócios um dos meus distribuidores implorou por um preço mais elevado.

¤

EMBORA A DECISÃO DE STAN fosse prejudicial para o resultado final de Mepkin no curto prazo, no longo prazo ela foi benéfica. Apesar de seu desapontamento, pude perceber que o comprador ficou impressionado, e nenhum negócio que conheço jamais teve um sistema de distribuição melhor e mais leal do que o da Abadia de Mepkin. Vi repetidamente mercearias, serviços de bufê, padarias e confeitarias fazerem um esforço especial para garantir que os ovos de Mepkin tivessem um mercado.

A reputação de honestidade e integridade é um daqueles "ativos intangíveis" que compensam de um modo que nunca poderemos prever inteiramente. É o compromisso de Mepkin com seus princípios fundamentais que torna fáceis as decisões éticas até mesmo quando há pressão.

Certa vez, o mosteiro teve falta de ovos, e o padre Stan precisou comprar alguns de outro distribuidor a fim de atender aos pedidos. Apesar de os prazos estarem se afunilando e a pressão ter se tornado intensa, Stan insistiu em que abríssemos cada embalagem e reclassificássemos cada ovo no pedido para garantir que esses ovos, como todos os de Mepkin, satisfizessem seus severos padrões de qualidade. Fiquei impressionado ao ver quantos ovos rachados e imperfeitos acabamos rejeitando. Mepkin decididamente perdeu dinheiro naquela transação.

Embora pensemos com frequência que o comportamento antiético resulta de más pessoas fazendo coisas más, na verdade em geral procede de boas pessoas fazendo coisas más por medo ou insegurança. Em Mepkin, os monges têm uma tradição que transcende o tipo de mentalidade de cada homem por si só, que tão frequentemente conduz ao comportamento antiético na presença de pressão. Além do papel óbvio que a moralidade religiosa desempenha, existem três aspectos adicionais da formação monástica que conduzem a uma atitude ética com relação aos negócios que todos podemos aprender a imitar.

Em primeiro lugar, há a atitude de longo prazo. Ao contrário da fixação em lucros trimestrais, os monges voltam-se para o longo percurso. Perguntei certa vez ao irmão Robert havia quanto tempo o padre Anthony, o primeiro abade de Mepkin, falecera.

— Cinco ou seis anos — respondeu ele.

Eu lhe disse que era impossível, já que frequentava Mepkin havia três anos e o padre Anthony estava vivo durante minha primeira visita.

— Três anos, cinco anos, dez, a eternidade — replicou ele com um sorriso. — Dá tudo no mesmo para nós. Somos trapistas. O tempo não existe aqui.

Essa atitude atemporal conduz a um forte senso de gratificação postergada. Uma vez mais, o comportamento ético é algo que compensa no longo prazo. Com frequência, é nossa inclinação para a conveniência e a gratificação instantânea que nos leva a tomar os atalhos éticos que podem arruinar um negócio, uma reputação ou até mesmo uma vida.

O segundo segredo trapista para que mantenhamos apenas os mais elevados padrões éticos é o desapego. O desapego é uma virtude monástica frequentemente mal interpretada. Como observamos de forma breve no Capítulo 7, em geral pensamos no desapego como o oposto frio e sem energia da paixão e do compromisso. O oposto do desapego, contudo, não é o compromisso apaixonado, e sim a *identificação*. O fato de sermos capazes de nos identificar com os personagens de um filme — o que os psicólogos chamam de "suspensão voluntária da descrença" — é fundamental para que possamos apreciá-lo, mas com frequência é desastroso se aplicado a outras áreas da vida. A pessoa que se identifica com um sofá novo experimenta uma sensação de perda pessoal quando alguém derrama alguma coisa nele. Essa pessoa não *possui* mais um sofá; em certo sentido, ela *se tornou* o sofá. Do mesmo modo, podemos nos identificar de tal maneira com nosso emprego e cargo que, se um dos dois for ameaçado, reagimos com o tipo de medo apropriado apenas em situações que colocam a vida em risco.

Em 2002, três dos meus irmãos caíram em um penhasco com seus veículos para neve, em condições de pouca visibilidade, em Vail, no Colorado. Meu irmão Jamie morreu, e meus irmãos Dan e Tom, gravemente feridos, ficaram presos na montanha a noite inteira em temperaturas com sensação térmica de -40°C a -51°C, até que foram finalmente resgatados. Dois membros da equipe de resgate foram hospitalizados com geladura, e Tom acabou perdendo algumas partes dos dedos dos pés.

Dois anos depois, meu irmão Dan, executivo de uma importante empresa de mídia, me disse que uma das suas diretoras de vendas havia lhe telefonado recentemente, apavorada com a possibilidade de que os rumores que circulavam sobre demissões pudessem ser verdadeiros e ela talvez fosse demitida.

A mulher estava quase histérica, e, apesar de Dan ter afirmado várias vezes que não sabia mais do que ela, a mulher se recusou a se acalmar.

— Mas você não entende — insistiu ela. — Tenho três filhos; não posso ser demitida.

— Escute, Anne — disse Dan —, não sei nada mais além do que você sabe. Droga, talvez eu vá ser demitido, e também tenho filhos. Mas de uma coisa eu sei: isso não é o fim do mundo. Já estive no fim do mundo, e garanto a você que isto aqui não é o fim do mundo.

No dia seguinte, a mulher telefonou em prantos. Ela contara ao marido o que Dan dissera, e agora tudo o que desejava era lhe agradecer por ter lembrado a ambos quanto eram realmente afortunados.

Apesar do horror do acidente, Dan voltou para a vida com um desapego semelhante ao dos monges, que lhe permitiu manter as coisas na devida perspectiva. Seu desapego não é um obstáculo por evidenciar desinteresse; é uma virtude que lhe possibilita fazer escolhas objetivas nos negócios, que não sejam tolhidas pela assustadora identificação, que com tanta frequência conduz a decisões sofríveis e antiéticas. Dan tem tido grande sucesso em sua carreira depois do acidente, e, segundo ele, isso se deve ao fato de os colegas de trabalho e clientes acreditarem agora, mais do que nunca, que ele sempre vai "jogar limpo" e "fazer o que é certo".

Nunca me esquecerei de minha chegada ao aeroporto Stapleton de Denver, acompanhado de meu pai e meu irmão Jon, no dia seguinte ao acidente. Fomos saudados por manchetes de jornais a respeito de meus irmãos em todo o aeroporto. Somente um cancelamento de última hora me poupou de compartilhar a sorte deles, e durante meses cuidei do meu irmão e melhor amigo, Tom, enquanto ele sofria com costelas e vértebras fraturadas, e precisava voltar repetidamente à unidade de queimaduras para se submeter às dolorosas cirurgias que conseguiram salvar seu pé e a maior parte de seus dedos enegrecidos. Essa experiência também me fez lembrar do que é realmente importante, e em decorrência disso passei a me dedicar ainda mais à minha família e à minha vocação espiritual.

Desapego não significa indolência desarraigada. Significa estar radicado em algo muito maior que nós mesmos, algo que transcende os limitados interesses pessoais. Como mencionei em capítulo anterior, foi meu próprio desapego que me permitiu recusar um emprego na United Press International para não quebrar minha promessa de ajudar alguns jovens universitários. Foi o desapego que tornou possível manter meu compromisso de comparecer aos encontros em Raleigh, mesmo que isso tenha significado rejeitar a oferta de trabalho em tempo integral na DBC. Por estar radicado em algo que eu considerava mais importante que os negócios, fui capaz de resistir, com sucesso, à tentação de usar o lado racional para romper, de maneira antiética, minhas promessas em troca de uma recompensa financeira.

Além disso, se não tivesse insistido em comparecer às minhas reuniões, nunca teria deixado um representante de vendas no comando enquanto me ausentava da DBC. Foi esse "acidente" que me levou a permitir que os representantes dirigissem o espetáculo, e que conduziu aos magníficos resultados financeiros do quarto trimestre na DBC. Em vez de ser um obstáculo aos negócios, o desapego que me permitiu permanecer fiel às minhas obrigações éticas culminou em resultados incríveis na DBC, os quais jamais poderia ter previsto.

O terceiro segredo monástico do comportamento ético é, uma vez mais, mirar além do alvo. Em capítulos anteriores, apliquei esse conceito à criação de organizações e missões pessoais, mas ele se aplica também adequadamente na hora de tomar decisões éticas. Nossa obsessão monomaníaca por receitas trimestrais é um excelente exemplo das consequências negativas que ocorrem quando deixamos de mirar além do alvo. Warren Buffett, em sua carta anual aos acionistas, constantemente censura esse tipo de pensamento de curto prazo. Todos os anos ele lembra aos acionistas que a Berkshire Hathaway tem em vista o longo percurso — exatamente como fazem os monges —, e não é por acaso que o modo de pensar dele no longo prazo está associado à sua reputação de sempre ter o comportamento ético mais elevado.

Como salientamos no primeiro capítulo, pessoas como os monges trapistas e Buffett não são bem-sucedidas apesar dos elevados ideais éticos, e sim por causa deles. É claro que eu argumentaria que existe um alvo a ser mirado que supere até mesmo a saúde financeira no longo prazo de uma companhia como a Berkshire Hathaway. Se quiser ter sucesso, é preciso ser ético. Se quiser ser ético, é preciso ser desapegado. Você cultiva o desapego radicando-se em algo mais elevado do que você e seus interesses pessoais. Quer você interprete o que vou dizer literal ou metaforicamente, busque primeiro o reino dos céus, e tudo o mais cuidará de si mesmo — inclusive os negócios.

¤

NO OUTONO DE 1999, Lev Zaidenberg, o CEO de uma companhia israelense chamada Mutek, entrou no meu escritório. O Raleigh Group International tinha se tornado com rapidez o maior distribuidor norte-americano da Mutek, e Lev fazia um desvio de duas horas em sua rota de Nova York ao Vale do Silício a fim de tentar nos convencer a vender uma quantidade ainda maior do seu produto. Mas, quando me levantei para apertar sua mão, ele olhou de relance para um livro na minha mesa.

— Uau — comentou —, você está lendo Chekhov.

Contei-lhe que tinha formação superior em História Russa e que isso conduzira à minha paixão vitalícia pela literatura russa, inclusive por Chekhov.

— Mas eu sou russo! — exclamou ele, e me falou que tinha sido um dos famosos *refuseniks* judeus nos idos de 1970, que, correndo um grande risco pessoal, tinham desafiado o regime soviético. Depois de muitas provações nas mãos da KGB, ele enfim conseguira permissão para emigrar para Israel.

Como resposta, repeti meu cumprimento anterior, só que dessa vez em russo. Nós nos envolvemos, então, em uma animada conversa (misericordiosamente, em inglês) a respeito da história, literatura e espiritualidade russas. Duas horas depois, eu me ofereci para levar meu novo melhor amigo de carro ao aeroporto, para que pudéssemos continuar nossa conversa. No terminal, ele olhou para mim e sorriu.

— Não fechamos negócio nenhum.

Ele sugeriu que eu fosse encontrá-lo em Nova York dali a uma semana para que pudéssemos fechar um acordo. Uma semana depois, entrei na sua suíte, no hotel onde estava hospedado, e nas horas seguintes continuamos a conversa anterior a respeito de assuntos que, segundo Lev, na Rússia exigem pelo menos um litro de vodca para realmente serem abordados. Por fim, ele se reclinou na cadeira com as mãos atrás do pescoço e riu em voz alta.

— Já notou? — disse ele. — Ainda não dissemos uma única palavra a respeito de negócios. Tenho uma ideia melhor. Por que simplesmente não compramos sua empresa?

Duas semanas depois, meus sócios e eu chegamos a Tel Aviv, em Israel, e, apesar da pródiga hospitalidade de Lev, que nos levou a Jerusalém e a todos os locais sagrados, durante a visita conseguimos assinar os documentos preliminares que puseram em andamento o processo de aquisição.

Foi aí que o inferno se apresentou. Os advogados e contadores de Tel Aviv, de Nova York e da Carolina do Norte convergiram para os nossos escritórios a fim de fazer a "devida diligência" e os milhões de coisas que precisam ser feitos para que uma transação seja efetivada. Para piorar esse caos, havia um prazo final para que o negócio fosse concluído: noventa dias. Pelo seu planejamento, a Mutek iria abrir o capital em junho, de modo que a aquisição teria que estar impreterivelmente concluída até 31 de março de 2000.

Em meio a toda essa confusão, meus sócios e eu nos reunimos e decidimos dar 5% do negócio para os funcionários. Mas, enquanto essa decisão nos pareceu bastante inocente, ela foi recebida com o que se apresentou como uma oposição implacável. Os mesmos contadores e advogados, de ambos os lados da transação, que brigavam incessantemente por causa da localização de uma vírgula no contrato final, agora tinham se unido, como se em um passe de mágica, em oposição a nosso plano.

Eles apresentaram algumas ideias válidas. Em primeiro lugar, a reestruturação do negócio tomaria um tempo valioso — tempo que, segundo afirmavam, nós não tínhamos. Se a transação não acontecesse até 31 de março, ela simplesmente não aconteceria. Segundo, dar de presente a parte em dinheiro da transação era uma coisa, mas dar ações significaria que os nossos funcionários passariam a ter uma renda tributável sem ter dinheiro para pagar os impostos. Por fim, argumentaram eles, como a RGI nunca criara um plano acionário de ações, não tínhamos nenhuma obrigação legal de incluir nossos funcionários, ainda mais em algo que pudesse comprometer a transação. Na verdade, argumentaram eles, não tínhamos a obrigação moral para com os funcionários de garantir que a transação ocorresse? A Mutek planejava criar opções de compra de ações para todos os funcionários depois que abrisse o capital. Por que não deixar nosso plano de lado durante algum tempo e compensá-los mais à frente?

No entanto, apesar do poder de persuasão desses argumentos, da pressão excruciante que impuseram e do desejo de que a transação fosse concluída, permanecemos firmes em nossa posição. E, para nosso grande alívio, o negócio foi fechado a tempo, e as ações dos funcionários foram transformadas em opções, de modo que não ficaram sujeitas a nenhuma obrigação fiscal.

Um ano depois, estava em Israel para uma reunião do conselho quando topei com um dos principais advogados de nossa transação. Ele me puxou para o lado e me fez lembrar que, pouco depois de termos fechado o negócio, o mercado de ações sofrera um colapso, dando um fim esmagador à exuberância irracional do frenesi "ponto-com". Contou-me que, se tivéssemos segurado a transação por apenas mais algumas semanas, ela nunca teria acontecido, e, mesmo que tivesse, meus sócios e eu teríamos tido que aceitar uma grande redução na avaliação. Quando concordei com essa análise, ele acrescentou:

— Então, tenho que perguntar: seus funcionários melhoraram, estão mais motivados ou se tornaram mais leais?

Tive que admitir que, depois que a euforia inicial diminuiu, não poderia apontar nada específico.

— Então, o que você aprendeu com isso? — indagou o advogado, em um tom quase triunfante.

— Aprendi que eu faria tudo de novo num piscar de olhos.

Mas é claro que obtivemos alguma coisa. Obtivemos a imensa satisfação de saber que fizemos a coisa certa. Obtivemos a prova de que nosso compromisso com o serviço e o altruísmo não era apenas um chavão que usávamos em benefício próprio quando as coisas andavam bem, mas que rapidamente abandonávamos quando a pressão se instalava. Nossa generosidade não se baseava no desejo de gratidão, lealdade e mais produtividade da parte dos funcionários. Baseava-se na nossa gratidão pelos serviços que já nos haviam prestado. E acredito vigorosamente que, se nossos funcionários não tivessem sentido de modo inconsciente, o tempo todo, que éramos o tipo de gente que se comportaria dessa maneira, jamais teríamos construído, para início de conversa, uma empresa que valesse a pena ser comprada.

O que o advogado que me abordou não entendeu, e eu perdi a esperança de lhe explicar, é que o futuro pode criar o presente com a mesma facilidade com que o presente pode criar o futuro. Assim como no mercado de ações, é o que as pessoas esperam que aconteça no futuro que com frequência determina a maneira como investem seu precioso tempo e energia no presente.

O comportamento ético, assim como todas as virtudes trapistas, não resulta de uma decisão, e sim de um modo de vida. Para fazer escolhas éticas, precisamos nos tornar pessoas éticas que fazem a coisa certa na maior parte do tempo sem sequer pensar a respeito do assunto, e isso não pode ser obtido por meio de aulas administradas em um curso. Mais exatamente, essa é uma das coisas que a jornada do herói de transformação pessoal, do egoísmo para o altruísmo, acarreta.

9

FÉ

CERTO DIA, PERGUNTEI ao abade de Mepkin, padre Francis, como ele e os irmãos conseguiam fazer tanta coisa com tão poucos recursos. Ele sorriu e disse:

— Simplesmente confiamos no processo. Essa é uma tradição de 1.500 anos. Apenas confiamos no processo.

O sucesso se apoia na fé. Mas não se trata da fé que geralmente associamos a um rol de crenças teológicas. Mais exatamente, trata-se do tipo de fé que está implícito na palavra *fiel*. A crença em uma proposição religiosa, como a virgindade de Maria, é um modelo estático, mas é o modelo dinâmico da fidelidade — a fé em ação — que é bem mais importante para o sucesso dos negócios da Abadia de Mepkin. O sucesso dos monges se baseia no comportamento fiel, que pode não parecer inteiramente racional para o observador racional ou, às vezes, até mesmo para os próprios monges. E, se quisermos compartilhar o sucesso deles, precisamos viver da mesma maneira.

Há vários anos, uma organização chamada People for the Ethical Treatment of Animals (Peta) [Pessoas em Defesa do Tratamento Ético dos Animais] colocou em evidência o negócio de ovos da Abadia de Mepkin como uma maneira de atrair a atenção da mídia para o que consideraram ser um tratamento "desumano" das galinhas. O protesto da Peta baseia-se no fato de que as galinhas bem alimentadas e mimadas de Mepkin viviam em gaiolas. Apesar de os padrões de Mepkin excederem em muito as regulamentações do governo, a mídia aderiu à história e se reuniu nos portões de Mepkin para uma entrevista coletiva à imprensa organizada pela Peta. Logo apareceram artigos em todo o país repetindo a extravagante alegação da organização de que os monges cometiam "abusos" contra as galinhas.

No entanto, o que a Peta e a mídia deixaram de levar em conta foi o nível de apoio local que Our Lady of Mepkin desfrutava entre seus consumidores e distribuidores. Logo, uma completa reação adversa se colocou em andamento, e as mercearias locais chegaram, inclusive, a proclamar publicamente seu apoio a Mepkin por meio de tabuletas nas vitrines e cartas abertas em seus sites. Entretanto, apesar dessa clara e crescente evidência de que a maré estava virando, eu soube, com o tempo, que Mepkin planejava abandonar seu negócio de venda de ovos.

Trabalhei intimamente, durante anos, com as galinhas de Mepkin sem jamais encontrar a menor evidência de maus-tratos. Admito que, quando descobri que os monges de Mepkin iam abandonar o negócio de venda de ovos, fiquei tão zangado que telefonei para o executivo da Peta que estava por trás do circo da mídia para lhe dizer quanto a organização dele estava errada a respeito das galinhas de Mepkin. Minha ação seguinte foi telefonar para o padre Stan, a alma do negócio de venda de ovos de Mepkin, que recentemente havia substituído o padre Francis na abadia.

Stan me disse que a decisão de deixar o negócio dos ovos não fora precipitada por nenhuma preocupação comercial (a demanda de ovos na verdade tinha aumentado), mas apenas porque Mepkin não queria que as padarias e confeitarias, restaurantes, mercearias e funcionários do governo local que haviam apoiado Mepkin com tanta lealdade durante muitos anos recebessem mais publicidade negativa. Embora Stan parecesse ter ficado agradecido pelo meu apoio, quando conversamos, ele não demonstrou estar com raiva e em nenhum momento mencionou a difícil situação da abadia por perder sua principal fonte de renda. Enfim, perguntei o que ele pretendia fazer para cobrir as despesas.

— Oh, não sei — respondeu ele com uma risadinha. — Vamos encontrar alguma coisa. Os trapistas sempre encontram.

Ali estava um homem que tinha investido toda a vida em um empreendimento e agora via a marca que ele meticulosamente construíra ser difamada de forma injusta. No entanto, tratava o encerramento daquele negócio quase com indiferença, sem nenhuma preocupação com o fato de sua decisão poder ser interpretada como uma admissão implícita de culpa. Ele e os seus irmãos só estavam interessados em ajudar as pessoas que poderiam ser adversamente afetadas por toda aquela publicidade — embora não houvesse nenhuma pressão da parte delas mesmas para que o fizessem. Além disso, estavam deixando o negócio de venda de ovos apesar de não terem a menor ideia de como iriam substituir a receita perdida, que pagava as contas do mosteiro. Uma vez mais, fui testemunha ocular da heroica fidelidade requerida por uma vida de serviço e altruísmo.

Depois de fechar o negócio dos ovos, os irmãos tiveram que recomeçar do zero. Quando sugeri que se envolvessem com prestação de serviços, Stan hesitou. Ele disse que a comunidade estava comprometida com a tradição trapista de ganhar a vida por meio do trabalho manual. Com o tempo, Mepkin entrou no negócio de cogumelos, cultivando e comercializando variedades exóticas. E, apesar da falta de experiência e de muitos erros de principiante, os irmãos perseveraram fielmente. Hoje, o negócio não apenas está dando certo como tem potencial de ser bem mais lucrativo do que a produção de ovos jamais foi. Foi a fé nos princípios e virtudes da tradição monástica que guiou os monges de Mepkin nessa nova jornada rumo ao desconhecido, com a própria subsistência em jogo. O desapego e o serviço aos outros levaram à decisão de deixar para trás o negócio dos ovos, mas foi a fé que alimentou a convicção de que, de algum modo, que não tinham como imaginar na época, tudo aconteceria da melhor maneira possível se tivessem a coragem de fazer "a coisa certa".

No mercado em rápida transformação e crescentemente perturbador dos nossos dias, são exatamente essas virtudes, requeridas com tanta urgência, que não raro estão ausentes. A maioria dos negócios de hoje precisa continuamente se "reinventar" para ser bem-sucedida, e os anais dos negócios estão apinhados de empresas que um dia foram grandes, como a Kodak, mas que não conseguiram se obrigar a abandonar ou canibalizar a própria "vaca leiteira" diante de mercados em rápida evolução. Muitos analistas, por exemplo, acreditam que o apego míope da Microsoft ao Windows e ao Microsoft Office fez com que a empresa perdesse a oportunidade apresentada pela internet — uma oportunidade desperdiçada que, apesar de bilhões de dólares de investimento, a Microsoft foi incapaz de recuperar. Nesse meio-tempo, Steve Jobs deu um salto de fé. Em vez de permanecer um figurante no negócio dos computadores, conduziu a Apple em um jornada heroica rumo ao desconhecido. Essa jornada transformou a Apple na empresa mais valiosa da história, com o apoio de um conjunto de produtos e serviços que nem mesmo o próprio Jobs poderia ter imaginado quando decidiu "apostar a companhia" em uma estratégia não comprovada.

Tanto nos negócios quanto na vida pessoal, geralmente é o medo do desconhecido que nos impede de fazer as mudanças que precisamos fazer para enfrentar os desafios da vida. Precisamos ter fé em alguma coisa maior que nós mesmos para superar esse medo e enfrentar esses desafios. Assisti recentemente ao documentário *Steve Jobs: One Last Thing*, que enfatizou o impacto que seu permanente interesse no zen-budismo causou em seu trabalho. O documentário relatou principalmente as maneiras pelas quais a tradição zen de simplicidade artística influenciou os produtos da Apple, mas acho que ele encerra mais coisas. A fé de Jobs envolvia mais que uma crença no próprio talento. Sua fé também significou criar produtos "para os outros". Foi o foco obsessivo em empolgar as pessoas que transformou Jobs em um evangelista da alta tecnologia adornado com o colarinho quase clerical da sua camisa preta com gola rolê. Foi o compromisso com os outros que produziu esse senso misterioso de saber exatamente o que os clientes desejavam comprar.

Como mencionei anteriormente, Jesus disse que, se buscarmos em primeiro lugar o reino de Deus, todas as demais coisas nos serão acrescentadas, e esse é o tipo de fé que propele os monges de Mepkin. Os monges lidam com cada dia com a fé de que, se "viverem uma vida" de serviço e altruísmo, as necessidades, de alguma maneira, serão supridas.

Esse estilo de vida não está restrito aos mosteiros, aos cristãos ou até mesmo aos crentes. Ao longo dos anos, observei, encantado, pessoas do mundo inteiro e com os mais variados tipos de existência se oferecerem para ajudar os monges a viver sua missão. Assim como o apoio que receberam da comunidade local diante do ataque furioso da Peta, os irmãos nunca pedem ajuda externa, mas esta parece fluir sem esforço. O espírito de um propósito mais elevado de Mepkin é tão sedutor, que as pessoas se oferecem para ajudar e vão embora se sentindo como se tivessem ficado com a melhor parte da barganha, e não existe nenhum motivo para que nossos clientes corporativos, fornecedores e colegas não possam se sentir da mesma maneira.

Um colega meu, certa vez, se queixou dizendo que o modelo monástico não se aplicava aos negócios porque os monges têm a vantagem injusta da "mão de obra gratuita". Refutei o que ele disse com o argumento de que a questão mais importante era *por que* os mosteiros obtêm esse nível de comprometimento das pessoas e nossas organizações seculares não. O trabalho voluntário de Mepkin não é na realidade "gratuito". Trata-se apenas de as pessoas sentirem que estão sendo mais do que justamente compensadas por algo que valorizam mais do que o dinheiro.

É claro que não estou argumentando que as organizações seculares deveriam operar sem uma compensação financeira, mas existe aqui uma ideia a ser defendida. Muitas empresas estimulantes e inovadoras usaram uma abordagem de "código aberto" para convidar pessoas de fora, não remuneradas, a ajudar a fazer melhorias nos produtos — até mesmo a ponto de programar softwares de graça —, com resultados impressionantes. Atualmente, escrevo para a Forbes.com como colaborador não remunerado. Faço isso porque escrever para a Forbes aumenta o alcance de minhas palavras e, por conseguinte, minhas chances de fazer diferença na vida de outras pessoas. A Wikipedia criou uma enorme presença na web baseada em grande medida na mão de obra não remunerada. A princípio, nossa própria empresa, a RGI, não podia oferecer salários competitivos. No entanto, apesar do fato de a taxa de desemprego ter estacionado em torno de 1,5% no Research Triangle Park, na Carolina do Norte, durante os anos de *boom* da década de 1990, conseguimos usar nossa missão e cultura para atrair as pessoas de que precisávamos para ter êxito. Não estou usando esses exemplos como argumento para pagar mal às vezes. Eles mostram meramente quanto as pessoas estão dispostas a se sacrificar a fim de se sentirem parte de algo maior que elas.

A fé em Mepkin não diz respeito apenas à teologia. Ela significa viver fielmente a missão, não importa aonde ela conduza e quanto as coisas fiquem assustadoras. Mas é importante assinalar que viver fielmente a missão não significou que Mepkin teria que se agarrar de modo obstinado ao negócio de ovos, acontecesse o que acontecesse. Como já mencionei antes, o segredo do sucesso de Mepkin nos negócios é que os monges, na verdade, não estão envolvidos com uma atividade comercial. Paradoxalmente, o compromisso deles com uma missão muito mais elevada do que o lucro proporciona o desapego e, por sua vez, a flexibilidade, que lhes permite ajustar seu modelo de negócios em resposta a circunstâncias em transformação.

Em contrapartida, muitos negócios fracassam porque, na ausência de uma missão que transcenda a economia, eles se agarram ferozmente a uma estratégia que está deixando de funcionar. Novamente, a falência da Eastman Kodak é um excelente exemplo. Apesar de amplos indícios de que o mercado de filmes fotográficos rapidamente tornava-se ultrapassado, a Kodak esperou tanto que, no final, a companhia não conseguiu se reinventar. A Kodak considerava sua missão fabricar filmes fotográficos e, nesse caso, seguir fielmente a missão conduziu apenas a uma míope insensatez. Uma missão bem mais ampla do que fabricar filmes fotográficos, ou mesmo do que tirar e armazenar fotos, poderia muito bem ter ajudado a Kodak a adaptar seu modelo de negócios a um ambiente que passava por uma rápida transformação.

Certo dia, perguntei a um novo monge, que era comparativamente jovem, com cerca de 50 anos, por que ele tinha ingressado no mosteiro.

— Quase não vim — respondeu ele. — Estava em uma reunião com o padre Stan e perguntei: "Se eu vier para cá e tomar conta de todos esses idosos, quem vai estar por aqui para cuidar de mim?". "Não sei", respondeu Stan. "Tudo o que posso afirmar é que eu estarei aqui." Fiquei tão comovido com a resposta dele, que me inscrevi na hora.

A convicção do padre Stan e a reação desse novo monge é o tipo de fé no qual Mepkin se apoia, e ela é fundamental para o sucesso da abadia nos negócios. E, na minha própria experiência na área de negócios, já testemunhei como essa fé pode ser poderosa.

¤

COMO MENCIONEI ANTERIORMENTE, depois de batalhar durante alguns meses, nossa empresa, a RGI, tornou-se revendedora de uma ferramenta de desenvolvimento de software chamada SourceSafe. Sendo um pacote de controle de versão, o SourceSafe tinha uma nítida vantagem sobre as outras ferramentas: destinava-se a ser usado por equipes de programadores. Por conseguinte, uma venda inicial de uma única cópia inevitavelmente conduzia a mais vendas e mais dinheiro, à medida que as equipes de programadores optavam pelo padrão do SourceSafe.

Estimulados pelo nosso sucesso com o SourceSafe, começamos a procurar outras ferramentas de software que compartilhassem esse atributo de *groupware*, ou de equipe, e encontramos um que se chamava *bug tracking*, ou rastreamento de *bugs*. Como o nome sugere, as ferramentas de rastreamento de *bugs* ajudam as equipes de desenvolvedores de software a gerenciar as legiões de *bugs* que inevitavelmente aparecem nos seus softwares. Assim como no caso do SourceSafe, o rastreamento de *bugs* requeria que cada programador tivesse a própria cópia, o que conduzia a mais vendas. Sendo assim, começamos a revender o Defect Control System (DCS) de uma empresa de Denver chamada Software Edge. Assim como no caso do SourceSafe, retínhamos 40% do preço de venda de cada cópia vendida.

Vendíamos agora dois produtos, e, à medida que as vendas começaram a crescer de maneira lenta, porém regular, religiosamente reinvestíamos nosso lucro de 40% em mais representantes de vendas e geração de *leads*. Depois de passar dezoito meses na corda bamba, nosso negócio enfim parecia estar decolando. Embora ainda não fizéssemos retiradas, estava tão seguro de que a situação estava melhorando que disse, exausto, para um dos meus sócios:

— Dave, acho que finalmente temos um negócio.

Alguns dias depois, tudo desmoronou. O CMO* da Software Edge, nosso cliente do rastreamento de *bugs*, telefonou para dizer que a empresa acabara de ser vendida a uma firma muito maior com a sua própria equipe de vendas, de modo que, assim que o negócio fosse concluído, nossos serviços não seriam mais necessários. O investimento no produto deles, o DCS, se tornaria uma considerável perda. A notícia foi devastadora, especialmente quando o CMO me disse, à guisa de agradecimento, que o grande aumento nas vendas que a RGI produzira para o DCS contribuíra muito para que a Software Edge se tornasse alvo de aquisição.

Uma semana mais tarde, Kenny Felder telefonou. A One Tree Software, fabricante do SourceSafe, estava sendo vendida para a Microsoft. Uma vez mais, tão logo o negócio fosse concluído, os serviços da RGI não seriam mais necessários.

Esse golpe, logo depois da notícia recebida da Software Edge, me derrubou. Todo aquele trabalho, sacrifício e esforço, e estávamos de volta exatamente aonde havíamos começado. A única coisa que mudara era que agora tínhamos uma folha de pagamentos maior a cumprir a cada duas semanas.

Nunca me senti tão completamente derrotado, e, depois de transmitir para meus sócios a notícia de que a Microsoft estava comprando o SourceSafe, anunciei que tinha chegado ao fim da linha. Disse-lhes que poderiam seguir adiante sem mim ou poderíamos encerrar a empresa aos poucos. Embora meus sócios tenham ficado nitidamente arrasados, ninguém tentou me dissuadir da minha decisão. Era uma sexta-feira, e, depois que eles se retiraram, desanimados, da minha sala, fui cedo para casa; era a primeira vez que fazia isso desde que tínhamos fundado a RGI.

Durante todo o fim de semana, eu me debati, insone, comigo mesmo. Por um lado, todas as razões típicas para que eu perseverasse não tinham mais nenhum peso. Não me importava em ser um CEO e empresário pela riqueza que isso poderia trazer. Financeiramente, ainda tinha algum dinheiro no banco, e sabia que, com o meu conjunto de habilidades e o meu currículo,

---

* Chief Marketing Officer ou diretor de marketing.

nunca passaria fome. Mesmo a perspectiva de admitir a derrota não era tão aterrorizante. Havia tido bastante sucesso no passado, raciocinei, e homens melhores do que eu tinham sido derrotados e se recuperaram. Droga, alguns deles tinham até considerado as derrotas mais valiosas que as vitórias. Além disso, talvez a humildade da derrota me fizesse bem.

Quanto mais pensava no assunto, mais longa se tornava a lista de razões pelas quais deveria desistir. Em contrapartida, por outro lado, só havia uma razão para que eu revertesse a minha decisão e perseverasse. O meu primeiro mestre — o fantástico e maravilhoso mestre zen Richard Rose — tinha inculcado na minha cabeça a importância do compromisso. E o compromisso mais importante de todos era manter a palavra com os amigos, não importava o que acontecesse. O elevado senso de lealdade de Rose tinha, por sua vez, se tornado uma pedra angular na minha própria filosofia: um princípio que nunca me cansei de advogar para os alunos do SKS e para nosso grupo de adultos.

Durante o fim de semana, minha mente voltou ao fato de que, se eu desistisse, estaria dando as costas aos meus amigos. Meus sócios não queriam desistir, mas eu sabia que, sem mim, seriam obrigados a fechar a empresa. Nenhuma quantidade de racionalidade conseguiria me livrar da terrível verdade de que estava traindo os meus amigos e a comunidade. Eu sabia, no fundo, que tinha que encontrar fé suficiente para praticar o que eu pregava.

Sendo assim, cedo, na segunda-feira de manhã, eu me reuni novamente com meus sócios.

— Ouçam — falei —, não tenho a menor ideia de como vamos sobreviver. Mas de uma coisa eu sei. Não vou desistir. Se quiserem continuar, estou com vocês. A única maneira de eu deixar esta empresa é em um caixão.

Nos meses seguintes, vivemos à beira do desastre. O negócio da Software Edge foi concluído, e a nossa receita do rastreamento de *bugs* desapareceu, mas não ouvimos absolutamente nada a respeito da One Tree. Assim, continuamos a vender o SourceSafe enquanto eu procurava desesperadamente, porém sem sucesso, outros produtos para vender. Tudo o que podíamos fazer era continuar a dar o melhor de nós enquanto esperávamos que a One Tree entrasse em contato conosco.

Nossa persistência foi recompensada. Depois de uma demora de muitos meses, a One Tree foi enfim adquirida, mas, em vez de expulsar sumariamente a RGI, como temíamos, a Microsoft tornou a RGI o único fornecedor da versão vigente do SourceSafe, enquanto seus programadores conferiam a ele o visual e o estilo de um produto da Microsoft. A aquisição pela Microsoft eletrizou o mercado. De repente, todos os programadores queriam o Source-Safe, e a RGI era o único lugar no mundo onde poderiam consegui-lo. Foi como se os céus tivessem magicamente se aberto sobre a RGI e feito chover dinheiro pelas torneiras.

Algo ainda melhor aconteceu. Durante essa transição, formalizamos um relacionamento com a Microsoft que levou a RGI a fabricar seu próprio produto de rastreamento de *bugs*, o Visual Intercept, para complementar o recém--renomeado Microsoft Visual SourceSafe. A aquisição do SourceSafe transformou a RGI de um revendedor de software em um fabricante, e, com o apoio da força de marketing da Microsoft, o Visual Intercept rapidamente se tornou a principal ferramenta de rastreamento de *bugs* no mercado. Isso, por sua vez, acabou conduzindo, com o tempo, à aquisição da nossa empresa. Em vez do desastre que eu temera, a aquisição da One Tree pela Microsoft se revelou a melhor coisa que poderia ter acontecido à RGI.

¤

A HISTÓRIA DA RGI teria tido um final radicalmente diferente se eu tivesse levado adiante minha intenção de deixar a RGI em face da adversidade e de um futuro incerto. Em retrospectiva, essa história pode facilmente ser correlacionada à jornada do herói.

O Chamado representa nosso desejo de começar uma empresa, e a resistência ao chamado, a hesitação inicial em fazê-lo. O Deserto é representado por toda a agonia que passamos durante dois anos enquanto lutávamos desesperadamente contra longas adversidades para construir um negócio sustentável. A Grande Provação aconteceu no momento em que, quando enfim começávamos a relaxar, tudo pareceu desmoronar. A Morte e o Renascimento são primorosamente captados pela maneira como quase chegamos a extinguir nossa empresa, e o modo como nossa decisão de prosseguir sem esperança conduziu a um resultado mágico que jamais poderíamos ter previsto. A Morte e o Renascimento também é uma excelente maneira de descrever como o modelo de negócios da RGI foi completamente transformado pela aquisição da One Tree. E o Retorno para Ajudar os Outros se relaciona à construção do relacionamento com a Microsoft, o que expandiu nossa capacidade de ajudar os clientes criando um novo produto, vendendo a empresa e tomando medidas para que todos compartilhassem os recursos obtidos.

Mas empreender a jornada do herói se apoia, em primeiro lugar, na fé, e a fé se apoia na comunidade. Certo dia, enquanto ainda estávamos nas profundezas do deserto, meu irmão Tom veio até minha sala. Ele me disse que gastara cada centavo que possuía trabalhando sem remuneração para a RGI. Estava literalmente sem dinheiro para comer. No entanto, a única coisa que enxerguei em seu rosto foi a agonia de um homem cuja única preocupação era a ideia de que estava desapontando os amigos. Consegui convencê-lo a aceitar algum dinheiro de minha parte para ajudá-lo durante algum tempo, porém mais tarde recebi um presente muito maior de Tom em troca. Quando as coisas pareceram estar desmoronando, foi em particular o exemplo de Tom que me convenceu a permanecer na empresa.

Durante aquele longo fim semana em que fiz meu exame de consciência depois de anunciar que iria desistir, foi a imagem do meu irmão Tom, desempenhando seu papel como o fiel e empobrecido monge, que voltou repetidamente a minha mente. Foi o exemplo de fidelidade dele e a fidelidade dos meus outros sócios que conduziram à minha decisão de prosseguir — uma decisão que eu nunca teria tomado sozinho.

Quando olho em retrospecto, enxergo mais que uma grande provação para a RGI. Minha própria fé foi testada no deserto, e cheguei perigosamente perto de perder a Terra Prometida, não apenas para mim mesmo como também para todas as pessoas com quem mais me importava. No final, o que me salvou não foi apenas minha fé em mim mesmo ou nos meus princípios. Foi a fé que peguei emprestada de outras pessoas.

Deus, de fato, trabalha de maneiras misteriosas, mas, assim como os monges da Abadia de Mepkin, precisamos ter a fé necessária para fazer concessões, por mais assustadora que se torne a situação.

10

O PODER DA CONFIANÇA

O PROBLEMA COM A VIDA é que ela precisa ser vivenciada em progresso, mas só é compreendida em retrospecto. Minha jornada à Abadia de Mepkin começou com um acidente: um evento que somente com o benefício de uma visão retrospectiva tornou-se o que hoje considero o acidente mais feliz da minha vida.

Durante o inverno de 1996, os alunos do SKS da Universidade Duke decidiram saltar de paraquedas como exercício de desenvolvimento de equipe e imploraram para que eu fosse com eles. Tão logo concordei, não sem relutância, fui tomado pela primeira vez na vida por um profundo sentimento de mau presságio. Tentei não dar atenção a ele — aparentemente, tinha coragem suficiente para saltar de um avião, mas não suficiente o bastante para dizer a um punhado de universitários que eu era velho demais para saltar de aviões.

A queda livre com um especialista em salto duplo amarrado às minhas costas não teve nenhuma consequência especial. O paraquedas abriu no momento correto, e logo em seguida percebi que o solo lentamente subia para me encontrar. Mas, quando eu o toquei, observei estupefato meu pé direito torcer de uma forma que não achei possível. Caí no chão com dores terríveis, amaldiçoando o paraquedismo e os paraquedistas, até a ambulância chegar.

No hospital, enquanto me levavam às pressas para a sala de cirurgia, perguntei em tom lamentoso a uma das enfermeiras se ia ficar bem.

— Você está acordado, e isso é muito mais do que posso dizer com relação à maioria dos idiotas que eles trazem para cá daquele lugar — respondeu ela com rispidez, com um ar de alguém absolutamente convencido de que eu necessitava mais de um psiquiatra do que de um cirurgião.

Quando acordei, após a cirurgia, fiquei sabendo que tivera uma fratura composta do tornozelo.

— Você usou uma enorme quantidade de energia nesse seu tornozelo — disse o cirurgião. — Usamos treze pinos e, em alguns lugares, o osso estava tão esmagado que tudo o que pudemos fazer foi empurrar os pedacinhos de volta para o lugar, como um mosaico.

Passei uma semana no hospital atado a um aparelho dosador de morfina. Também era tomado por repetidas ondas de ataque de pânico, o que não conseguia entender. Minha lesão não era *tão* grave assim. Por fim, entendi. Meu tornozelo quebrado era apenas o catalisador. Pela primeira vez na vida, estava diante da minha própria mortalidade. De fato, daquela vez eu ia me recuperar, mas logo iria chegar o dia em que nenhuma quantidade de cuidados médicos me salvaria, e essa compreensão produziu novas ondas de pânico.

Sentia-me completamente isolado enquanto a equipe do hospital andava apressada à minha volta, aparentemente alheia ao fato de que a morte também aguardava pacientemente por eles. Tinha vontade de agarrá-los pelo colarinho e sacudi-los até que despertassem de sua arrogância. Mas não fiz nada disso, e fui atormentado pela culpa de querer substituir a animada jovialidade deles pela minha agonia emocional.

O pior de tudo foi que, apesar de todos os anos que eu passara moldando um "caminho espiritual", compreendi que estava completamente despreparado para a morte. A situação era crítica, e eu só me importava naquela hora com o que os médicos poderiam fazer por mim. Quando fui liberado do hospital, os ataques de pânico aos poucos diminuíram, mas foram substituídos pelo sentimento profundo de que eu fora irreversivelmente danificado. Sentia-me oco por dentro, e o mundo se tornara cinzento e sem vida. Quando voltei a trabalhar na RGI, não pude recuperar a energia e o entusiasmo que tinha antes do acidente, e me senti culpado por obrigar meus sócios a compensa-rem minha deficiência.

Desesperado para me sentir seguro novamente, comecei a malhar muito na academia, na esperança de acelerar minha reabilitação e me livrar desse crescente sentimento de desespero. Certo dia, fazia exercícios a um ritmo insano no simulador de caminhada quando ouvi uma voz.

— Você não está se sentindo nada bem, não é, Aug?

Eu me virei e vi um conhecido da academia chamado Hugh. Com o cabe-lo repartido despencando ombros abaixo e um farto bigode, ele parecia uma versão em boa forma, de colarinho azul, do astro do rock David Crosby. Sur-preso com sua aparição repentina e a natureza do comentário, meu primeiro impulso foi dispensá-lo com uma mentira. Mas havia alguma coisa a respeito da suave compaixão no brilho daqueles olhos castanhos que me obrigou a dizer a verdade. Sendo assim, assenti com a cabeça.

— Pois é — disse ele com a suave fala arrastada do sul. — Nos Alcoólicos Anônimos, chamamos isso de buraco da alma. Parece que seu coração está partido, não é mesmo?

Fiquei impressionado — era exatamente como me sentia, embora nunca tivesse expressado tal sentimento dessa maneira antes. Novamente, assenti com a cabeça.

— Ouça, estou aqui para lhe dizer que você vai passar mais ou menos dois anos por um inferno tão grande que vai desejar nunca ter nascido. Mas vai superar todos os obstáculos e encontrar a saída. E, quando fizer isso, vai gostar muito mais de si mesmo do que gosta agora. A única coisa que vai restar é gratidão. Pura gratidão.

Tendo concluído sua profecia, Hugh se afastou e nunca mais o vi.

Uma semana depois, recebi um telefonema de Josh Skudlarick, um aluno do SKS na universidade que acabara de concluir o curso.

— Augie — disse-me Josh —, queria lhe dizer que pelo menos um dos seus alunos decidiu seguir seu conselho.

— Que conselho?

— Você nos disse para fazer alguma coisa nas férias de verão além de beber cerveja e pegar um bronzeado. Estou passando o verão como hóspede monástico em um mosteiro trapista chamado Abadia de Mepkin.

Embora eu não conseguisse me lembrar de ter dado o conselho, fiquei encantado com a decisão de Josh e o enchi de perguntas a respeito da sua rotina monástica. Mas, enquanto respondia à minha enxurrada de perguntas com paciência, o que de fato me impressionou foi a mudança que estava sentindo nele. Conhecia Josh havia muitos anos, e em dois breves meses como um trapista ele parecia ter deixado de ser um menino angustiado e se transformado em um rapaz tranquilo e confiante.

De repente, soube o que precisava fazer.

— Quero ir até aí — declarei, interrompendo Josh no meio de uma frase.

— Quando? — ele indagou, obviamente espantado com o senso de urgência que detectou na minha voz.

— Agora — respondi, para em seguida me corrigir apressadamente: — Quero dizer, neste fim de semana.

— Vou perguntar ao irmão John — disse Josh.

Alguns minutos depois, ele me retornou com um convite para um retiro de fim de semana em Mepkin. Josh deve ter causado uma impressão e tanto nos monges — a lista de espera para os retiros de Mepkin, em particular nos fins de semana, em geral se estende por meses.

Cheguei na sexta-feira à tarde e, depois de fazer meu registro de entrada em uma das casas de hóspedes para os participantes dos retiros espalhadas pelo terreno do mosteiro, encaminhei-me até a igreja para as vésperas. Ao dar seis horas, os sinos repicaram. Os monges se levantaram, se curvaram diante do altar, e uma voz cantou:

— Oh, Deus, venha me socorrer!

A comunidade entoou o refrão:

— Senhor, apresse-se em me ajudar!

Era meu primeiro serviço em Mepkin, e aquelas palavras me fizeram pensar na profecia de Hugh. Se o inferno que ele havia profetizado — e que era tão compatível com meu sentimento de pavor — ia ser parecido com o inferno pelo qual acabara de passar com meu tornozelo, desejava toda a ajuda de Deus que pudesse conseguir.

Fiquei tão impressionado com os monges que voltei várias vezes a Mepkin em rápida sucessão. Quando chegou o Natal, escrevi para o irmão John perguntando se eu poderia passar várias semanas no mosteiro como hóspede monástico, e fui aceito. Certo dia, durante minha permanência no período natalino, perguntei ao abade, dom Francis, se poderia falar com ele em particular. Ele concordou, e contei a ele como vinha me sentindo desde meu acidente. Ele me ouviu de maneira atenta e solidária, e me disse que havia notado que eu me oferecera como voluntário para trabalhos extras no mosteiro, algo que me encorajou muito a continuar fazendo. Em seguida, contou-me que também já tinha pedido ao padre Christian, o ex-abade de Mepkin, agora com 82 anos, que se encontrasse comigo — um homem que acabaria sendo meu conselheiro espiritual, e que vim a constatar ser uma das pessoas mais bondosas, sábias e confiáveis que já conheci. Na porta de seu escritório, quando estava de saída, dom Francis me deu um abraço e me falou uma coisa que tem me guiado a desde então, quer eu esteja em visita a Mepkin, quer não:

— Augie, a tradição monástica é um processo que tem 1.500 anos. Confie nele.

⌗

MAIS CEDO OU MAIS TARDE, todo executivo compreende que 99% das pessoas de quem ele depende para seu sucesso não estão diretamente subordinadas a ele. O sucesso de todo CEO depende bem mais de fornecedores, acionistas, membros do conselho, reguladores, políticos, parceiros estratégicos, comunidade financeira, mídia e clientes do que do número relativamente pequeno de funcionários remunerados que estão direta ou indiretamente sob seu comando. Tive muito sucesso em vendas na MTV, mas meu sucesso se amparava muito mais na ajuda e no apoio que eu recebia das pessoas que trabalhavam no departamento jurídico, financeiro, em marketing, pesquisas e na engenharia do que no meu próprio pessoal ou em minhas habilidades. A verdadeira liderança se baseia na persuasão, e esta última se apoia na confiança. Louis

R. Mobley, meu mentor e diretor da IBM Executive School, dizia que os negócios se apoiam no processo de confiança que ele chamava de "promessa e cumprimento". Poucas pessoas se dão conta de que o importante demonstrativo de lucros e perdas corporativo (L&P) não contém dinheiro de verdade. Ele consiste basicamente de contas a receber e contas a pagar, o que, por sua vez, são apenas promessas que os outros fazem de que irão nos pagar e promessas que fazemos de que pagaremos outros em uma data futura. Sem a confiança implícita nessas promessas, o comércio simplesmente pararia de funcionar.

Até mesmo o dinheiro depende da confiança. Aceitamos intrinsecamente pedaços de papel sem valor e cartões de plástico em troca de produtos e serviços porque acreditamos que os outros farão a mesma coisa. O imposto de renda nos Estados Unidos é basicamente um sistema voluntário. A Receita Federal norte-americana acredita em grande medida que vamos pagar nossos impostos, enquanto em muitos outros países a desconfiança que gira em torno da sonegação de impostos e da corrupção enfraquece a vida econômica e cívica. Em uma viagem que fiz a São Petersburgo, uma mulher resumiu vividamente mil anos de miséria russa em uma única frase:

— Não existe confiança na Rússia.

Todo contrato se apoia na confiança, e, quando os gurus do marketing exaltam incessantemente as "marcas autênticas", estão descrevendo apenas marcas nas quais os consumidores podem confiar. Se não pudéssemos confiar nos outros motoristas e ter certeza de que permanecerão no lado que lhes é determinado na estrada, dirigir seria impossível, da mesma forma que o Canadá e os Estados Unidos compartilham os benefícios da mais extensa fronteira desprotegida do mundo por causa da confiança mútua.

A maneira mais correta de acumular o poder que você precisa para conduzir com eficácia sua vida é usar a jornada do herói para se tornar o tipo de pessoa em quem os outros instintivamente confiam — em particular quando algo crucial está em jogo. A pessoa confiável não é nem interesseira nem indiferente. Quem é confiável é *desinteressado e desapegado*, e, quanto mais desinteressado você se tornar, mais poderoso você será. O padre Christian e o padre Francis não nasceram confiáveis, e tampouco se tornaram assim da noite para o dia. Eles *se tornaram* pessoas em quem pude confiar a minha vida por terem dedicado a vida deles à jornada do herói da transformação pessoal. Hoje me refiro aos dois anos que sucederam meu acidente de paraquedas como a grande provação na minha jornada do herói. O inferno que Hugh previu se concretizou plenamente, mas o padre Christian, o padre Francis e os monges de Mepkin estiveram presentes em cada passo do meu caminho. E, exatamente como Hugh também profetizou, tudo o que resta agora é gratidão. Pura gratidão.

⌗

CERTA VEZ, FUI CHAMADO para recuperar as vendas de uma grande companhia. A empresa vinha perdendo dinheiro com rapidez, e isso havia provocado a mais detestável rivalidade interdepartamental que eu já vira. Os diversos executivos não estavam sequer falando uns com os outros, que dirá cooperando. Todos no meu departamento, desde diretores até assistentes, esperavam que eu pegasse as armas e começasse a defender o departamento de vendas, e passei meu primeiro dia na função reunindo-me em particular com todas as pessoas que fizeram fila na minha porta, determinado a me certificar de que teria uma lista completa de todas as reclamações.

Escutei cada um deles atentamente e fiz abundantes anotações. Quando acabavam de desabafar, eu dizia a mesma coisa para todos:

— Isso é horrível. Há quanto tempo a situação está assim?

— Há mais de um ano — era mais ou menos a resposta geral.

— Nossa, há tempo assim? Bem, se você vem aguentando isso durante um ano, estou certo de que vai poder esperar mais uns dias enquanto elaboro meu plano de ação.

Tendo conseguido algum tempo extra, fechei a porta e comecei a raciocinar furiosamente. Tinha que fazer alguma coisa rápido, mas o quê? Sentia-me oprimido, até que perguntei a mim mesmo qual poderia ser a resposta de *serviço e altruísmo* para aquela situação aflitiva. Em seguida, peguei o telefone e solicitei uma reunião particular com cada um dos chefes dos demais departamentos, deixando bem claro que a reunião seria na sala deles, no território deles.

Quando chegava a cada sala, com meu lápis e meu bloco de notas, era recebido, sem exceção, por um executivo de braços cruzados que mal escondia sua hostilidade, entrincheirado com firmeza atrás da mesa. Sentava-me, então, inclinava-me para a frente e dizia com delicadeza:

— Estou aqui para saber o que o setor de vendas pode fazer para facilitar sua vida.

Demorava um pouco para que o choque se desvanecesse do rosto deles, mas depois de alguns momentos eles começaram a recitar suas sugestões, enquanto eu as anotava. As queixas eram válidas, e, enquanto as registrava, fiquei admirado com o fato de que ninguém entre meu pessoal parecia ter consciência delas.

Nunca me esquecerei de um grande crime perpetrado pelo setor de vendas. Cada um dos funcionários do serviço de atendimento ao cliente tinha duas linhas de telefone. Uma delas era para chamadas externas dos clientes e a outra apenas para uso interno. Quando um cliente telefonava desejando atendimento e era colocado na espera, ele telefonava para o seu vendedor. O representante de vendas então transferia o cliente para a linha privativa de um dos funcionários do serviço de atendimento ao cliente e imediatamente desligava o telefone. Pensando que a chamada era do seu supervisor, o funcionário atendia, tendo que escutar dois clientes furiosos — um em cada ouvido.

Depois de consultar outros executivos, reuni o pessoal do meu departamento e disse a eles que minha prioridade imediata era convencer todo mundo na empresa de que nosso único interesse era servir a missão global. Disse também que teríamos que conquistar a confiança dos outros departamentos arrumando primeiro a nossa casa. É claro que não era isso o que eles queriam ouvir, e durante alguns momentos todos permaneceram sentados, parecendo traumatizados. Fiz, então, um apelo pessoal solicitando a confiança deles, e eles concordaram em me ajudar. (Meu apelo ganhou crédito por ter compartilhado com eles os sórdidos frutos de minha investigação. Quando chamei atenção para o que mais tarde vim a saber que os representantes de vendas nomeavam de "chamadas interrompidas" para funcionários do serviço de atendimento ao cliente, a notícia foi recebida com olhares chocados e inocentes — como algo assim tão abominável poderia estar acontecendo bem debaixo do nariz deles! Mas, pelo menos, ninguém negou o fato.)

Demorou algumas semanas, mas, quando os outros departamentos viram que eu cumpria minhas promessas sem pedir nada em troca, um por um foi à minha sala e se ofereceu para agir de forma recíproca. Pouco a pouco, a confiança mútua foi estabelecida, e deixei de me sentir impotente, passando a ter influência mais que suficiente para atingir minhas metas. Quatro meses depois, as vendas tinham decolado, a companhia vinha tendo lucro e todos estávamos nos socializando. O departamento de vendas deu a primeira festa interdepartamental, e demorou quase uma hora e um pequeno barril de cerveja para que as primeiras almas corajosas se aventurassem para fora de seus enclaves departamentais nos cantos da sala, cruzassem a terra de ninguém e se misturassem aos antigos inimigos. Uma hora depois, com a ajuda de outro barril, éramos todos amigos do peito.

Ao ir para lá, sabia que as coisas se resolveriam daquela maneira? Não; apenas sentia-me apavorado. No entanto, como disse o padre Francis, eu sabia que tinha que confiar no processo. Essa experiência me ensinou o que significa ser o que mais tarde vim a chamar de *estadista corporativo*. O estadista corporativo é o corretor de valores imparcial e honesto que coloca o interesse do todo acima dos interesses pessoais, e confia nos outros, seguro de que seguirão seu exemplo.

A confiança é a ferramenta mais poderosa que um líder ou uma organização pode ter, e essa confiança é diretamente proporcional ao altruísmo. Se estivesse tentando manipular meus colegas, eles teriam percebido isso de imediato, com resultados desastrosos. Tudo dependeu de minha disposição em suspender meus interesses egoístas e colocar sinceramente a missão da companhia e os interesses dos outros em primeiro lugar.

A confiança também é fundamental para o sucesso dos negócios monásticos. A mesma confiança que encontrei nos escritórios do padre Christian e do padre Francis aparece em tudo que está até mesmo remotamente ligado a

Mepkin. Certo dia, fui detido por excesso de velocidade em uma área famosa por ter forte fiscalização, situada mais ou menos a 160 quilômetros de Mepkin. Quando compareci diante do juiz, disse a ele que não tinha ultrapassado o limite de velocidade, e, quando o juiz descobriu que eu estava a caminho de Mepkin, ele falou:

— Bem, se estava indo a Mepkin e diz que não estava correndo, então você não estava correndo.

Em seguida, encerrou o caso.

Os clientes de Our Lady of Mepkin confiam nos produtos do mosteiro. Os fornecedores de Mepkin confiam nas faturas deles. Os voluntários e doadores de Mepkin sabem que contribuem para uma boa causa, e o reservatório de confiança de Mepkin transbordou e se propagou até minha multa por excesso de velocidade a 160 quilômetros do mosteiro.

A confiança é a mais poderosa forma de capital que existe, e nada faz com que um negócio prospere com mais consistência do que a confiança. Além disso, ela não é um recurso escasso. Assim como Mepkin, podemos ter mais dele do que precisamos. Warren Buffett passou a vida acumulando confiança, e essa confiança é diretamente responsável pelo "desconto Buffett" que ele com frequência recebe quando compra uma empresa. Os vendedores sabem que ele os tratará de maneira honrada, e isso é tão valioso que estão dispostos a aceitar a oferta de Buffett mesmo quando propostas mais interessantes estão em consideração. No entanto, embora a confiança não seja um recurso escasso, ela é um bem frágil. Uma vez dissipada, pode ser impossível recuperá-la.

¤

UM EXAME ATENTO do estudo de caso que acabo de descrever e da minha experiência em Mepkin encerra algumas lições valiosas a respeito de como obter e manter a confiança.

1. *Torne-se confiável.* Somos programados para procurar pessoas confiáveis e para testar os outros a fim de ver em quem podemos confiar. Mas o primeiro passo é nos tornarmos confiáveis. Semelhante atrai semelhan-

te, e, se você investir em se tornar uma pessoa na qual os outros podem confiar, pessoas em quem você pode confiar serão atraídas por você.

2. *Cumpra as suas promessas.* A marca mais inequívoca de uma pessoa confiável é o fato de ela cumprir o que promete. Cumpra as pequenas promessas, até mesmo as triviais, porque os outros vão avaliar sua confiabilidade nas grandes coisas com base na maneira como você lida com as pequenas, mesmo que não tenham consciência disso. Lou Mobley, por exemplo, desconfiava muito das pessoas que não conseguiam ser pontuais. Embora isso nunca tenha sido um fator que serve de impedimento, alguém que estivesse sempre atrasado já começava com o pé esquerdo com Mobley.

3. *Cumpra as promessas que faz a si mesmo.* Uma lastimável fraqueza humana é o fato de insistirmos em encontrar virtudes nos outros que não desenvolvemos em nós mesmos. Cumprir as promessas que faz a si mesmo tem estreita relação com sua força de vontade e autocontrole, e essas virtudes são fundamentais para que você seja confiável — em especial quando a situação está crítica. Lembre-se de que a força de vontade é como qualquer outro músculo. Por mais fora de forma que sua força de vontade possa estar, se fizer exercícios diários, como chegar na hora, por exemplo, pouco a pouco terá o domínio de si mesmo.

4. *Prometa pouco e cumpra além do esperado.* Tome cuidado para só fazer promessas que você sabe que pode cumprir. Prometemos demais porque queremos que as pessoas gostem de nós e nos respeitem, mas a maneira mais rápida de perder o amor e o respeito delas é deixar de cumprir nossas promessas. Adquira o hábito de anotar todas as promessas que fizer, por mais triviais que elas sejam. Isso lhe proporcionará uma maneira de controlar as promessas que você faz e avaliar quanto você as está cumprindo.

5. *Esteja disposto a fazer promessas.* Uma das estratégias mais recorrentes que pessoas não confiáveis usam é, antes de tudo, se recusar a fazer promessas. Essa linha falaciosa de raciocínio argumenta que, se você não fizer promessas, não terá que se preocupar com a possibilidade de

quebrá-las. As pessoas não se deixarão enganar por essa estratégia, e você rapidamente obterá a reputação não apenas de não ser confiável como também de ser indeciso. Lembre-se de que a recusa em tomar uma decisão é apenas outro tipo de decisão.

6. *Proteja sua marca pessoal.* Geralmente pensamos em uma marca como algo que pertence a um sabão de lavar roupa. Mas todos temos uma marca pessoal. Como um bom gerente de marca, adquira o hábito de perguntar constantemente a si mesmo o seguinte: "De que maneira esta decisão afetará minha marca pessoal?". A P&G (Procter & Gamble) paga regularmente uma taxa para um exército de advogados apenas para se certificar de que o sabão líquido Tide não seja associado aos tipos "errados" de pessoas, lugares e coisas. Do mesmo modo, os Alcoólicos Anônimos insistem em que o alcoólatra em recuperação se concentre em substituir pessoas, lugares e coisas que ele associa à bebida por influências mais positivas. Tudo o que você faz ou deixa de fazer afeta a sua marca e, no longo prazo, a reputação é seu bem mais valioso.

7. *Elimine a ambiguidade.* Nada debilita a confiança mais rápido do que a ambiguidade. Usamos automaticamente frases como "Vou tentar" para poder fornecer uma recusa plausível quando deixamos de cumprir o que prometemos. Muitas das controvérsias do tipo "ele disse, ela disse", que causam tantos atritos nos negócios, são causadas por tentativas ambíguas de todos os envolvidos em permanecer fora de perigo. Quase todas as vezes em que me deparo com uma dessas discordâncias, descubro que o verdadeiro culpado é, antes de tudo, a omissão das partes envolvidas em ser claras e específicas a respeito de quem está prometendo o que para quem e quando.

8. *Institucionalize o cumprimento das promessas.* Na nossa empresa, a RGI, institucionalizamos o cumprimento das promessas. Cada tarefa essencial precisava ser documentada por escrito, e as anotações incluíam um claro entendimento do que estava envolvido, da promessa feita e dos critérios pelos quais a promessa seria considerada cumprida. Meus sócios e eu gerenciávamos incessantemente esse processo, e o pequeno

esforço adicional que fazíamos no início para produzir essa documentação escrita era regiamente recompensando pelo tempo economizado e pelos danos evitados.

9. *Nunca deixe as pessoas lhe cobrarem suas promessas.* Se fizer as pessoas cobrarem de você o cumprimento da promessa, já terá perdido metade de sua credibilidade. Se estiver na hora de um dos seus funcionários ser avaliado, e ele precisar lembrá-lo disso, em geral você acaba dando um aumento maior sem receber boa vontade em troca. Nada constrói mais um laço de confiança do que lidar com suas obrigações antes do previsto e cumpri-las antes de ser cobrado. Uma dívida paga antes de ser cobrada colhe um enorme dividendo em confiança. O dinheiro que muda de mãos é o mesmo, mas a equação da confiança fica radicalmente diferente.

10. *Comunique-se, comunique-se, comunique-se.* Ninguém consegue cumprir todas as suas promessas, mas não existe nenhuma desculpa para deixar de comunicar que talvez não sejamos capazes de cumprir o que prometemos. Não raro, evitamos comunicar-nos devido ao constrangimento ou ao medo de admitir a falha, mas isso só faz com que os outros partam do princípio de que você não tinha a menor intenção de manter sua promessa, esperando que ninguém notasse. Adquira o hábito de enviar antecipadamente relatórios sobre a situação das suas promessas. Se tudo estiver correndo de acordo com o planejado, você evita que os outros se preocupem, e, se não estiver, você lhes dá tempo para recorrerem ao plano B.

11. *Mire além do alvo.* É impossível ser confiável nos negócios se não for confiável nas outras áreas da sua vida. Os monges dão pouca atenção à área restrita conhecida por "ética nos negócios". Assim como minha multa por excesso de velocidade, a confiança que os monges desfrutam se propaga devido à maneira como vivem a vida deles. A confiança para os monges não é uma estratégia ou tática de negócios; é o subproduto natural de viver em prol de um propósito mais elevado. De modo

inverso, se você valoriza a confiança apenas pelo valor da utilidade egoísta dela, é extremamente provável que fracasse em seu empenho.

A confiança começa com o tipo de fé que discutimos no capítulo anterior. A fé confere a coragem inicial de agir, antes de termos certeza de como as coisas acontecerão. A fé oferece nossa própria confiança antes que estejamos certos de que ela será retribuída. Essa é a parte assustadora da confiança autêntica, e é a confiança autêntica que Mepkin oferece todos os dias. Nada fica trancado em Mepkin, e, sim, de vez em quando roubam-se coisas por lá, mas, no longo prazo, a atitude de confiança simbolizada por esse sistema sem cadeados foi indescritivelmente recompensadora para Mepkin. Na RGI, nos concentramos em construir esse mesmo tipo de relacionamento de confiança com nossos clientes, e, embora nunca tenhamos feito uma verificação de crédito, recebemos cada centavo de milhões de dólares em títulos a receber sem jamais precisar processar um único cliente.

11

AUTOCONHECIMENTO E AUTENTICIDADE

O estresse do alpinismo em altitudes elevadas revela seu verdadeiro caráter; ele expõe quem você realmente é. Você não pode mais se esconder atrás do comportamento social, não pode mais desempenhar papéis. Você é a essência do que é.
– David Breashears

ATÉ HOJE, não sei praticamente nada a respeito do irmão William. Não sei onde ele nasceu, como foi criado ou quando e por que decidiu se tornar um monge trapista. E, como ele faleceu há alguns anos, é improvável que eu descubra muito mais. No entanto, o irmão William e eu éramos muito próximos, e essa capacidade de se tornar muito próximo de alguém a respeito de quem você não sabe nada é algo que só vivenciei em Mepkin.

O irmão William era um monge caloroso e afável, levemente encurvado, com cabelos grisalhos cortados bem rente e uma voz para o canto digna da *schola* (o coro monástico). Ele e o irmão Edward, o chefe de cozinha de Mepkin, moravam em celas vizinhas no mosteiro e eram amicíssimos. A caminho do seu banco no coro para os serviços monásticos, o irmão Edward não raro detinha-se no banco do irmão William para passar alegremente a mão na cabeça dele, e eu era envolvido por um sentimento caloroso quando os via ocasionalmente conversando em particular, na passagem coberta do lado de fora das celas, embora, a rigor, conversar atrás das paredes do mosteiro fosse estritamente proibido. No espírito de que toda regra é feita para ser infringida, essas confabulações proibidas entre amigos íntimos pareciam mais louváveis do que perdoáveis, e só posso supor que o abade e seus irmãos fossem da mesma opinião.

Não consigo me lembrar exatamente de como o irmão William e eu nos tornamos tão próximos. William era responsável pelo botão no refeitório que faz soar os sinos em todo o mosteiro para convocar os irmãos a orar e fazer as refeições, e talvez tenha sido meu pedido brincalhão para tocar "o botão mágico" — pedido ao qual ele prontamente acedeu — que quebrou o gelo a princípio. Não importa como nossa amizade tenha começado, já no verão de 1997, William e eu éramos amigos muito próximos. Estava na metade do que descrevi no capítulo anterior como minha grande provação, e as coisas tinham ficado tão ruins que tirei uma licença no trabalho para passar o verão inteiro em Mepkin. Continuando a seguir o conselho do padre Francis a respeito do trabalho extra, ofereci-me como voluntário para trabalhar na cozinha e cortar a grama, além da minha função permanente de embalar os ovos. Em vez de tirar a sesta de uma hora depois da refeição do meio-dia, pegava meu cortador e aparava a grama até a hora do meu turno da tarde na casa de classificação de ovos. Depois do trabalho, cortava mais grama como um maníaco, até que chegava a hora de preparar o queijo, a salada e as frutas que compunham o cardápio leve da refeição monástica opcional da hora do jantar. Depois do jantar, acabava de limpar tudo bem a tempo de ir para as vésperas às seis horas da tarde. Obtive até permissão de dom Francis para cortar grama o dia inteiro aos domingos, desde que permanecesse longe o bastante do mosteiro propriamente dito, para não perturbar a comunidade.

O sol da Carolina do Sul frequentemente fazia o termômetro subir bem acima de 38 graus, e eu, de vez em quando, parava um pouco e ia ao mosteiro para beber água ou um suco. Lá, coberto de suor, sujo e cheio de pedacinhos de grama, não raro topava com o padre William, que sempre ficava exageradamente encantado ao me ver em condição tão esplêndida.

— Que homem selvagem — exclamava ele com um sorriso, e, por mais sujo e suado que eu estivesse, sempre nos abraçávamos fortemente, sendo que, como ele tinha uma constituição física muito menor do que a minha, eu o levantava vários centímetros do chão.

— Uau, quisera eu poder trabalhar desse jeito — ele se lamentou certa vez, depois do nosso abraço, comentário que adquiriu uma importância maior quando soube, mais tarde, que ele já sofria de uma doença crônica no pulmão que enfim o matou.

Certa tarde, empurrava meu cortador de grama sob o calor causticante, perto da rotatória para onde convergem as estradas que conduzem ao mosteiro propriamente dito, aos Jardins dos Luce e à granja do mosteiro. Quando levantei os olhos, avistei o irmão William vindo do refeitório, trazendo água. Depois que matei a sede, William e eu nos acomodamos no banco do parque, à sombra de um carvalho, perto da estátua do Sagrado Coração, que protege a rotatória.

O irmão William me confidenciou que, nos idos da década de 1960, tinha vivido durante muitos anos como eremita nas densas florestas ao redor do terreno do mosteiro. Visitara alguns desses abrigos simples, ou "eremitérios", que os monges tinham erigido ao longo dos anos como refúgios para a oração solitária, e comecei imediatamente a bombardear William com perguntas a respeito de sua vida como eremita. Enquanto o irmão William respondia com paciência às perguntas, descobri que ele, assim como muitos outros trapistas, tinha sido inspirado a se dedicar à oração solitária pelo exemplo de Thomas Merton, o famoso escritor, místico e monge que se tornara um eremita no mosteiro trapista de Getsêmani, no Kentucky.

Enquanto eu continuava incessantemente a interrogá-lo, abstive-me de fazer a pergunta que de fato queria fazer, por temer que fosse excessivamente pessoal. Mas a curiosidade enfim venceu, e perguntei:

— Irmão William, você aprendeu alguma coisa com isso?

O irmão William estava inclinado para a frente, os olhos voltados para o chão, e por um tempo que me pareceu muito longo permaneceu em silêncio. Em seguida, exatamente quando eu pensava que tinha ido longe demais, ele virou lentamente a cabeça.

— Tive que enfrentar a mim mesmo — ele falou com voz suave, reassumindo sua postura anterior.

Fiquei completamente sem palavras diante de sua poderosa revelação. Havia subestimado a profundidade e a magnitude desse homem simples, e me senti profundamente lisonjeado com o fato de ele ter acreditado que eu compreenderia a amplitude de sua realização sem me apresentar maiores explicações. O irmão William e eu ficamos sentados sob aquele carvalho por mais uns vinte minutos, e nunca me senti mais próximo ou mais agradecido a outro ser humano em toda a minha vida.

Vários anos depois, nem mesmo sua cadeira de rodas e o oxigênio suplementar que ela carregava foram suficientes. O irmão William passou a ocupar uma cama na enfermaria, onde o visitei uma última vez. Alguns dias depois, ele pediu um bife e uma garrafa de cerveja, o que o irmão Edward teve muito prazer em lhe proporcionar, e, algumas horas depois, o irmão William levitou rumo à eternidade, em paz com Deus, seus irmãos e, talvez o mais importante, consigo mesmo.

¤

TENHO PASSADO A VIDA em busca das "profundas estruturas" que entrelaçam todas as tradições religiosas, e toda tradição considera o autoconhecimento um aspecto essencial do caminho espiritual. Meu santo padroeiro, santo Agostinho, é descrito com frequência como o pai da psicologia, devido à sua fascinação obsessiva pelo funcionamento do coração. Consta que um visitante que buscou um conselho do Oráculo de Delfos foi saudado com a seguinte inscrição: "Conhece a ti mesmo e conhecerás também os deuses e os céus". O mesmo oráculo considerava Sócrates o mais sábio de todos os homens porque apenas ele se conhecia bem o bastante para compreender como realmente era ignorante. Sócrates, por sua vez, colocava o autoconhecimento em posição mais elevada, advertindo que a vida não examinada não vale a pena ser vivida. O grande místico cristão Meister Eckhart disse que "o olho com o qual eu vejo Deus é o mesmo olho com o qual Ele me vê", e tradições orientais como o hinduísmo e o budismo ensinam que o caminho rumo à verdade passa através do autoconhecimento. A lista é interminável, e foi esse chamado universal para o autoconhecimento que levou os universitários que mencionei a denominarem sua organização estudantil de Self Knowledge Symposium.

Thomas Merton escreveu vastamente a respeito do autoconhecimento, e as disciplinas monásticas de contemplação, leitura sagrada e autorrecordação foram em grande medida concebidas para produzir exatamente isso. No entanto, conhecer a si mesmo é um processo meticuloso e assustador, como pude ver pessoalmente quando conheci um novo monge que trocara havia pouco um cargo executivo em uma escola da Ivy League pelo hábito branco dos noviços. Estendendo a mão, apresentei-me, perguntando:

— Então, Jim, como as coisas estão indo até agora?

— É difícil — respondeu ele sem hesitação. — Mais difícil do que poderia esperar, e de maneiras que também não imaginava.

— Por exemplo? — perguntei, surpreso com a franqueza dele.

— Estou aqui o tempo todo — disse ele, mantendo a palma da mão diante do nariz como um espelho. — Não há lugar para onde correr, nenhum lugar onde possa me esconder, apenas eu e os meus demônios. Pensei que os tivesse deixado para trás — encerrou ele com um sorriso suave —, mas acho que eles simplesmente me seguiram.

Um artigo do *The New York Times* sobre Mepkin que continha entrevistas com uma série de pessoas que haviam feito retiro lá reforçou esse ponto. A maioria delas falou a respeito da paz e da tranquilidade, mas um homem acrescentou: "Sem dúvida, é bastante pacato. Mas, quando você se senta horas a fio em uma ribanceira acima do rio Cooper, acaba pensando a respeito de um monte de coisas na sua vida sobre as quais talvez preferisse não pensar".

Essa experiência não está restrita aos monges nem às pessoas que fazem um retiro. Certa vez, passei uma tarefa para uma turma de alunos do SKS, da Universidade Duke, que considerei ser fácil. Pedi a eles que dessem uma passada pela capela Duke e se sentassem lá durante cinco minutos. Não precisavam rezar ou meditar, apenas ficar sentados. No entanto, semana após semana, aqueles alunos altamente motivados não conseguiam concluir esse simples exercício. Por fim, um dos rapazes exclamou:

— Não consigo entender! Eu passo pela droga daquela capela mil vezes por dia. Por que não consigo entrar e me sentar durante cinco minutos?

— Não sei o que se passa com você — respondeu calmamente uma das moças —, mas sei por que *eu* não consigo.

Todos os olhos se voltaram para ela, e a moça completou:

— Fico apavorada só de pensar que poderei me dar conta de que estou desperdiçando a minha vida.

Consigo me identificar com essas palavras. A jornada do herói pode ser facilmente descrita como uma jornada rumo ao autoconhecimento, e a jornada talvez seja mais bem captada pela palavra *desilusão*. Apesar de nossos protestos em contrário, bem no fundo, quase todos nós tememos que, se fôssemos privados de todas as "ilusões", nos daríamos conta — como eu me dei quando desabei dos céus e fui parar no hospital — de que não nos restaria nada a que pudéssemos recorrer. Tememos que, ao enfrentar nossos demônios, tudo o que encontraremos para os nossos problemas sejam... bem... demônios. Ou, o que é ainda pior, não encontraremos absolutamente nada. É claro que, de acordo com os santos e sábios de todas as tradições religiosas, o que encontramos, em vez disso, é a morte e o renascimento da jornada do herói. Quando Joseph Campbell pesquisou em outras culturas a jornada do herói, encontrou esse tema incessantemente repetido. Enfrentar o dragão impiedoso, como o herói precisa fazer, é sempre uma metáfora para que ele enfrente a si mesmo.

¤

EM 1955, O LENDÁRIO CEO da IBM, Tom Watson Jr., deu ao meu mentor, Louis R. Mobley, e aos seus colegas um cheque em branco e carta branca para criar a IBM Executive School. Tendo acabado de implementar, com sucesso, os primeiros programas de treinamento para supervisores e a gerência de nível médio, Mobley confiantemente se pôs a produzir também executivos.

A primeira coisa que ele fez, junto com a GE e a DuPont, foi contratar o Educational Testing Service (ETS), a mesma empresa que ainda faz os SATs

(Scholastic Assessment Test),[*] para identificar as habilidades que conferem excelência aos grandes líderes. Uma vez que essas habilidades intelectuais foram identificadas, Mobley e os seus colegas na GE e na DuPont partiram do princípio de que produzir executivos significaria apenas "treiná-los para passar no teste".

Desse modo, o ETS zelosamente reuniu um grupo de líderes renomados e testou-os amplamente, procurando suas habilidades comuns. Os resultados foram espantosos e bastante perturbadores. Nas palavras de Mobley:

— Não importa a curva de Gauss que traçássemos, os líderes bem-sucedidos ficavam nos limites extremos. A única coisa que pareciam ter em comum era não ter nada em comum. O ETS ficou tão frustrado que se ofereceu para devolver nosso dinheiro.

Mas o fracasso não era uma opção para Mobley, e ele enfim encontrou a resposta. Ao contrário dos supervisores e gerentes de nível médio, o que os grandes executivos compartilhavam não eram habilidades ou conhecimento, e sim valores e atitudes. Com o tempo, Mobley identificou muitos valores que os grandes líderes compartilham. Ele descobriu, por exemplo, que os grandes líderes vicejam na ambiguidade e se cercam das melhores pessoas que conseguem encontrar. Anseiam por desafios, trabalham melhor sob pressão, são profundos pensadores e acolhem positivamente a responsabilização.

Com o tempo, a lista de Mobley se tornou bastante extensa, mas ele foi capaz de resumir todos os valores que os grandes líderes compartilham em um termo que os monges valorizam muito: *autenticidade*. Os grandes líderes são pessoas autênticas, e a autenticidade deles, como Mobley veio a compreender, era um subproduto do autoconhecimento. O motivo pelo qual o comentário do irmão William causou um impacto tão profundo em mim foi o fato de ser extremamente autêntico, e nos vinte minutos seguintes eu o teria seguido ao inferno se ele estivesse inclinado a me conduzir até lá.

Em capítulo anterior, argumentei que os grandes líderes questionam as suposições e interrompem o processo de convencimento ao fazer sempre a pergunta: "Qual é o negócio do negócio?". Esse exercício desenvolve e refina

---

[*] Testes semelhantes ao Enem no Brasil. (N. da P.)

a missão e o propósito organizacionais, mas ele é um pouco mais do que o perene "Quem sou eu?", aplicado coletivamente na forma de "Quem somos nós?". Mobley compreendeu que, se os seus alunos não soubessem quem eram e o que defendiam, nunca poderiam fornecer, em termos organizacionais, aquelas respostas cruciais aos outros.

Com o tempo, Mobley me apresentou à disciplina do Desenvolvimento Organizacional (DO), e fiquei novamente impressionado com a dívida que o DO tem para com o autoconhecimento. O DO é apenas psicoterapia organizacional: um facilitador ou *coach* tenta ajudar as pessoas a enfrentar seus terríveis "demônios", os quais produzem comportamentos disfuncionais, que, por sua vez, conduzem a organizações disfuncionais. Como discuti no último capítulo, a confiança mútua é o ativo mais importante que qualquer organização pode ter, e, se você quiser se tornar uma pessoa confiável, é preciso primeiro ser capaz de confiar em si mesmo.

Depois de Mobley compilar sua lista de valores de liderança, ele se viu diante de outro problema, ainda mais difícil: como inculcar valores e transformar atitudes? Em outras palavras, como ensinar a autenticidade? O desafio se tornou ainda mais descomunal ao descobrir que, ao contrário dos supervisores e gerentes de nível médio, os executivos de alto nível compartilhavam outra característica: não eram treináveis. Pior ainda, Mobley descobriu que não apenas os valores e as atitudes são impermeáveis às técnicas comuns de treinamento, como também intimidar pessoas para que mudassem com frequência apresentava o resultado inusitado de, em vez disso, fortalecer as atitudes existentes.

Com o tempo, Mobley compreendeu que a autenticidade requeria "uma revolução na consciência", e não um processo de aprendizado passo a passo. Em vez de convergir para um superconjunto de habilidades, a IBM Executive School tinha que promover a autenticidade pessoal. Dando um salto de fé, Mobley chegou à conclusão de que o que buscava só poderia ser ocasionado como benefício secundário ou consequência involuntária do que os monges chamariam de "trabalho espiritual" — o que estamos chamando aqui de jornada do herói.

O risco do fracasso era real, mas, para que Mobley produzisse pessoas dispostas a correr riscos, teria que se arriscar primeiro. Ele abandonou as palestras e os livros em favor de jogos, simulações e exercícios experimentais concebidos não para "treinar", e sim para "mexer com as pessoas". De acordo com Mobley, o autoconhecimento que produz a autenticidade não surge de palavras e conceitos abstratos, e, embora valiosa, a introspecção intelectual, ou autoabsorção, só vai até certo ponto. Em vez disso, o autoconhecimento é mais bem alcançado quando nos encontramos com nós mesmos em situações da vida real. Esses encontros não produzem um aprendizado incremental. Em vez disso, são marcados por vislumbres simultâneos que os monges descrevem como "epifanias", "revelações" ou "compreensões". Portanto, os exercícios de Mobley eram concebidos para produzir momentos "eureca" de autorrealização. E a maioria desses exercícios significava fixar firmemente o espelho do irmão Jim na ponta do nariz dos executivos da IBM, obrigando-os a enfrentar a si mesmos e a seus "demônios".

Um dos exercícios que Mobley criou para os executivos da IBM consistia no seguinte estudo de caso. Bill fora um funcionário fiel e produtivo na IBM durante vinte anos, mas seu desempenho havia caído dramaticamente, e todas as tentativas de intervenção tinham falhado. A IBM deveria manter Bill ou demiti-lo?

Sob o estudo de caso havia um demonstrativo de lucros e perdas. Junto com o estudo de caso, metade do grupo recebeu um L&P que mostrava a IBM ganhando muito dinheiro. A outra metade recebeu um L&P que mostrava a IBM perdendo muito dinheiro. Sem mencionar aos participantes sobre essa estratégia, Mobley então abria o assunto para discussão.

Inevitavelmente, aqueles que achavam que a IBM ganhava dinheiro argumentavam que Bill deveria ficar. Os que achavam que a IBM estava tendo prejuízo eram a favor de que ele fosse demitido. No entanto, o dinheiro nunca era mencionado. Os argumentos conflitantes sempre se baseavam na moralidade. Os que eram a favor da permanência de Bill citavam seu longo tempo de serviço e a lealdade, enquanto os que eram a favor da sua demissão insistiam em que era injusto para a equipe manter uma pessoa com um desempenho inadequado.

Depois de algum tempo, os ânimos ficavam tão exaltados que alguém acabava exclamando:

— Temos que demiti-lo; estamos perdendo dinheiro!

Ao que outra pessoa replicava:

— Como assim? Estamos ganhando dinheiro aos montes!

Os papéis eram trocados, a verdade revelada, e o resultado era um silêncio aturdido. Era incontestável agora que toda aquela moralização tinha envolvido apenas palavras com duplo sentido e tagarelice. O tempo inteiro, o assunto havia girado em torno do dinheiro, e, como o irmão Jim havia descoberto em circunstâncias muito diferentes, não havia mais nenhum lugar onde pudessem esconder essa verdade. Depois dessa revelação, os executivos em geral ficavam sentados durante mais ou menos dez minutos, como monges reunidos para uma meditação silenciosa. Em seguida, alguém cautelosamente quebrava o gelo e, em geral, a conversa que se seguia era muito diferente. Como se uma reunião de quacres estivesse acontecendo em um ambiente corporativo, a turbulência motivada pela hipocrisia era substituída por executivos falando de coração aberto, como se o "espírito" os inspirasse. Não raro, a conversa se afastava bastante do estudo de caso, enquanto, um após outro, os executivos "confessavam francamente e admitiam a verdade" a respeito de seus maiores medos.

A escola executiva de Mobley era uma série interminável dessas experiências, e é importante assinalar que a meta não era levar o grupo a uma resposta "certa". Manter Bill na empresa, demiti-lo, comprar a participação acionária dele, transferi-lo para outro departamento e uma série de outras alternativas ainda estavam disponíveis e mereciam ser consideradas. Mais exatamente, a meta era o que o poeta T. S. Eliot descreve em sua obra *Four Quartets* [*Quatro Quartetos*] como "uma longa purificação de motivo" — a purificação de motivo que, afirmou Eliot, conduz a "uma condição de completa simplicidade que não custa nada menos do que tudo"; a purificação de motivo que é essencial para a obtenção da autenticidade. Em vez de chegar a uma única "resposta certa" imposta pela sabedoria superior da gerência, Mobley procurava se certificar de que todas as motivações que em geral permaneciam inconscientes fossem trazidas à tona para que as tendências e motivações ocultas, que não raro deturpam nossas decisões, pudessem ser levadas em conta.

A abordagem de Mobley se apoiava na ideia de que a autoconfiança, a disposição de correr riscos, a orientação voltada para pessoas, a responsabilização pessoal, a autocrítica, a compaixão, a franqueza, além de todos os outros valores e traços de caráter compartilhados pelos grandes líderes, são meramente subprodutos — até mesmo as consequências não premeditadas — da autenticidade e da integridade oriundas do autoconhecimento.

Não houve nenhuma tentativa da parte de Mobley para forçar os alunos a se encaixarem em determinado modelo. Como ele mesmo disse: "A missão da IBM Executive School é simplesmente criar um ambiente ideal para o crescimento pessoal no qual os participantes podem se tornar quem eles realmente são". E Mobley acreditava com otimismo — como o fazem todas as tradições religiosas — que a maior parte do que consideramos "nocivo" é meramente subproduto da ignorância e do medo: ignorância e medo com relação a quem realmente somos.

Quanto à avaliação dos resultados, o compromisso de Mobley com os benefícios do autoconhecimento e da autenticidade individual para os negócios fala por si mesmo. Mobley foi parte integrante da IBM Executive School de 1956 até 1966, e foram os seus alunos que tornaram a IBM a corporação de mais rápido crescimento e mais admirada no mundo nas décadas de 1960 e 1970.

Assim como não é necessário, ou mesmo aconselhável, que todos nos tornemos monges, você não precisa frequentar a IBM Executive School para alcançar o autoconhecimento. Uma análise crítica diária, religiosamente praticada, pode oferecer muitos vislumbres sobre você mesmo enquanto recorda suas interações com os outros e como se comportou em cenários da vida real. Pedir aos amigos, colegas e membros da família uma "avaliação 360 graus" os transformará em espelhos proveitosos, que revelarão os traços de caráter que você está próximo demais para enxergar. Certa vez, perguntei casualmente a uma jovem aluna do SKS o que ela pensava de mim, e ela respondeu, sem hesitar nem entrar em detalhes:

— Você é incrivelmente duro consigo mesmo e com as outras pessoas.

Esse resumo em uma frase, vindo da parte de uma menina de 19 anos, compassivamente apresentado, me deixou profundamente chocado — mas a compreensão de que ela estava certa me obrigou a levar a sério aquelas palavras, o que me deixou eternamente agradecido pela franqueza dela.

Em vez de buscar conforto na sua carreira ou vida pessoal, procure se familiarizar consigo mesmo buscando novos desafios que o tirem de sua zona de conforto. Além de lapidar o caráter, a pressão produzida por novos desafios também o revela. Foi a pressão do meu acidente de paraquedas, por exemplo, que produziu a compreensão de que eu estava longe de ser a pessoa que eu achava que era — uma constatação que anos de leitura e introspecção tinham deixado de revelar. Embora eu não esteja, é claro, sugerindo nada tão drástico quanto você se submeter intencionalmente a um acidente que ameace sua vida, a pressão, como David Breashears nos faz lembrar no início deste capítulo, tem a extraordinária capacidade de adentrar o fingimento e expor a verdade a nosso respeito. Uma coisa é manter nobremente uma postura ética enquanto fazemos a análise crítica de um caso no curso de negócios. Outra bem diferente é fazer a mesma coisa quando comportar-se eticamente significa perder sua casa para os credores.

Enfim, encontre uma forma de comunidade, como os Alcoólicos Anônimos, por exemplo, ou o Self Knowledge Symposium, que seja dedicada a alcançar a autenticidade. Assim como Mobley fez para a IBM Executive School, desenvolvi dezenas de exercícios experimentais para os alunos do SKS — como se sentar na capela Duke durante cinco minutos — em vez de dar palestras a eles. E, tal como no caso de Mobley, minha meta é a autodescoberta em vez da simples autoanálise. No entanto, o mais importante é que, para o aluno e os membros adultos do SKS, organizar um recital de órgão ou até mesmo fundar uma empresa como a RGI eram as nossas versões das escaladas de montanha de Breashears em altitudes elevadas. Essas aventuras da vida real nos obrigaram a um encontro, conosco e com os outros, em cenários da vida real em que alguma coisa estava em jogo. Esses encontros produziram os "pontos de dados" que mais tarde examinamos no espírito da "recordação" monástica desses encontros semanais.

Os melhores homens de negócios não ficam só sentados em reuniões intermináveis tentando descobrir coisas. Em vez disso, interagem com o mercado e descobrem coisas. O mesmo se aplica ao autoconhecimento. A leitura, a introspecção e até mesmo o *coaching* do tipo pense/fale são valiosos, mas não substitutos para sua exposição ao mundo, para descobrir quem você realmente é.

O autoconhecimento é fundamental para tomar grandes decisões de negócios. É a autenticidade individual dos monges, que se dá quando lidam com a pergunta "Quem sou eu?", que os torna tão competentes para responder à pergunta organizacional "Quem somos nós?". E é a pureza de propósito que emerge dessa questão que confere ao negócio monástico a reputação de autenticidade. Não é a mentira rematada ou o logro consciente que causam mais danos a uma organização. O verdadeiro dano surge do autoengano. Pessoas bem-intencionadas como você e eu não raro são movidas por temores inconscientes e motivações ocultas — motivações tão bem escondidas que são secretas até para nós mesmos.

⌑

EM 2000, MEUS PARCEIROS E EU vendemos o Raleigh Group International para uma empresa israelense chamada Mutek. Pouco depois da aquisição, o conselho diretor substituiu o CEO por outro, rígido e exigente, que parecia pura e simplesmente uma pedra de gelo. Certo dia, ele visitava os nossos escritórios em Raleigh e pediu para falar comigo.

— Não entendo — começou ele com um sorriso tenso, falando um inglês com sotaque. — Você inventou o Visual Intercept e o tornou o sistema líder de rastreamento de *bugs* no mercado. Eu assumi há mais de seis meses, e seria justo afirmar que aniquilar o Visual Intercept é minha principal prioridade. Ele é o seu bebê, e seu contrato pessoal o remunera sobre as vendas do Visual Intercept, mas você não levantou uma única objeção; na realidade, vem me ajudando a aniquilá-lo. Trabalho nessa área há trinta anos, e nunca vi algo assim. Preciso saber por que não está botando a boca no trombone.

— Bem, em primeiro lugar — respondi —, li seu plano de negócios, concordo com ele e consigo ver por que o Visual Intercept não se encaixa nele. Segundo, esta empresa não diz respeito a mim e à minha vaidade, e sim ao que é melhor para todos, e é nisso que eu acho que consiste o seu plano. No entanto, o mais importante é que o Visual Intercept não sou eu. Ele é um produto, e não tenho nenhum plano de colocar o logotipo dele na minha lápide.

Durante mais ou menos um minuto, o CEO não disse nada. Em seguida, ele me contou que seu pai havia morrido quanto ele tinha 3 anos, e que o padrasto amoroso que o substituíra morrera quando ele tinha apenas 11. Ele acreditava que essa dupla perda era responsável por grande parte de sua atitude fria e da tendência em ser emocionalmente retraído. Ele falou então sobre o profundo amor que sentia pela esposa e pelos filhos pequenos, e do quanto estava determinado a superar seu medo de abandono a fim de garantir à família sua constante presença emocional.

Quando ele terminou, fiquei com uma impressão completamente diferente do homem, e nossa mútua interação conduziu a um relacionamento bem mais produtivo e aberto dali em diante. Três anos depois, minha fé no CEO e no seu plano de negócios foi recompensada; ele revendeu nossas empresas combinadas para uma importante corporação, por 150 milhões de dólares em dinheiro disponível.

Sendo membro do conselho e um grande acionista, se eu não tivesse concordado com o assassinato do meu "bebê", poderia ter causado muitas dificuldades, talvez o bastante para acabar com o empreendimento conjunto ou, pelo menos, prejudicar muito suas perspectivas de sucesso. E, se tivesse feito isso, muitas pessoas, inclusive eu, teriam sofrido tremendamente por causa do meu ego. Em uma visão retrospectiva, este estudo de caso contém várias das lições monásticas que abordamos anteriormente.

1. *A verdade em favor da verdade.* O meu mestre zen, Louis R. Mobley e os monges de Mepkin compartilhavam o amor pela verdade. Com o

tempo, conseguiram transmitir esse amor para mim, e foi isso que me tornou capaz de enfrentar o fato de que o Visual Intercept, apesar de meus sentimentos pessoais, simplesmente não se encaixava no plano de negócios do CEO.

2. *Desapego.* A virtude monástica do desapego desempenhou um importante papel nessa situação. Meu comentário de que não tinha nenhuma intenção de colocar o logotipo do Visual Intercept na minha lápide surgiu espontaneamente e demonstrou que eu não me identificava com uma caixa de papelão com um software dentro dela. Em vez disso, assim com os monges, e com a ajuda deles, minha vida estava radicada em algo maior do que os negócios, e isso possibilitou que eu colocasse, de modo objetivo, uma decisão de negócios puramente comercial em perspectiva adequada.

3. *Autoconhecimento e autenticidade.* A disposição do CEO de se abrir a respeito da sua vida e de suas motivações possibilitou que desenvolvêssemos um relacionamento muito mais produtivo e gratificante.

4. *Confiança.* A confiança nos negócios é tudo, e, para estabelecer a confiança, precisamos ter a coragem de oferecê-la primeiro, o que significa expor nossa vulnerabilidade. A minha carta branca para o plano de negócios do CEO, mesmo à custa do Visual Intercept, demonstrou uma enorme quantidade de lealdade e confiança. Também revelou minha vulnerabilidade. Com efeito, estava dizendo para um homem que eu mal conhecia que ele era muito mais competente do que eu, e que confiava nele e sabia que ele não iria se aproveitar dessa minha confissão. A aquisição fora especificada como uma união de iguais, e minha decisão de endossar seu plano de negócios significou que essa equação de poder estava agora alterada. Embora eu fosse um dos membros do conselho e tivesse mais ações do que ele, deixara claro que trabalhava para ele. Expor minha vulnerabilidade compensou porque isso, por sua vez, conferiu-lhe o sentimento de segurança de que precisava para também expor a própria vulnerabilidade.

5. *Todo negócio é um negócio de pessoas.* Os detalhes desse estudo de caso nunca apareceriam em uma aula de um curso de negócios. Nessa aula, aprenderíamos que o sucesso final das empresas combinadas resultou de hábeis alocações de capital, do fato de atendermos a um mercado que não estava sendo suficientemente atendido e de criarmos barreiras à competição. Todos esses fatores são importantes, mas, na minha experiência, o sucesso se apoia com mais frequência nos elementos intangíveis dos relacionamentos interpessoais — relacionamentos que precisam ser formados ao longo do tempo e que não podem ser reduzidos a uma fórmula. No decorrer de mais de trinta anos de experiência nos negócios, convenci-me de que uma equipe de pessoas, servindo a uma missão digna e trabalhando em uma atmosfera de confiança, será bem-sucedida praticamente em qualquer negócio, por mais competitivo ou prosaico que possa ser. É exatamente isso que os mosteiros pelo mundo afora demonstram todos os dias.

12

VIVENDO A VIDA

CERTO DIA, RECEBI UM TELEFONEMA do padre Stan. Todos os anos, os monges de Mepkin fazem um *check-up*, e um exame de sangue de rotina havia revelado que o padre Francis, o jovem e vibrante abade de Mekpin, sofria de uma forma incurável e essencialmente fatal de linfoma. A quimioterapia poderia adiar o inevitável, mas, na melhor das hipóteses, dom Francis tinha apenas de três a cinco anos de vida. Tive a impressão de que minha vida desmoronava.

Alguns dias depois, fui para Mepkin e marquei uma hora para conversar com Francis. Ele me cumprimentou de modo afável, e, quando perguntei como estava se sentindo, sorriu ironicamente e respondeu:

— Nada mal para um sujeito que está morrendo.

Eu voltara havia pouco tempo de uma viagem a Israel, onde comprara algumas garrafas de vinho em uma vinícola local. Dei-lhe de presente uma delas para "fins medicinais", acrescentando:

— Era isto, ou um pouco de água benta do rio Jordão. Depois de orar um pouco, optei pelo vinho.

Ele riu e comentou:

— O espírito o conduziu à escolha certa.

Ele me contou que os médicos do Memorial Sloan-Kettering em Nova York tinham recomendado que adiasse a quimioterapia até que ela se tornasse absolutamente necessária, já que a eficácia do tratamento declinava com a utilização. Padre Francis já havia concordado em atuar como orador e facilitador na Inward Bound, uma conferência de três dias patrocinada pelo SKS, para várias centenas de estudantes universitários na Universidade Estadual da Carolina do Norte, e eu lhe disse que, caso sentisse que não estava em condições de comparecer, que entenderíamos perfeitamente se desejasse cancelar o compromisso.

— Não — disse ele. — Pretendo continuar com minha rotina normal enquanto for possível. À medida que for ficando mais fraco, começarei a reduzir minhas atividades, mas a última coisa que vou abandonar será minha vida de oração.

Vários meses depois, o padre Francis chegou à conferência e se pôs imediatamente a trabalhar com os alunos em exercícios para pequenos grupos. No segundo dia, almoçamos juntos, e, enquanto caminhávamos de volta para a conferência, ele se virou para mim e perguntou:

— Augie, segundo o programa, vou falar esta tarde. O que você acha que devo dizer aos alunos?

Sugeri delicadamente que, já que o tema da conferência era a autenticidade, ele deveria pensar na possibilidade de mencionar seu diagnóstico de câncer.

— Oh, não quero fazer isso — ele me disse com uma careta. — Não quero que eles comecem a me tratar de maneira diferente.

— Francis — retruquei —, você acabou de me contar na hora do almoço que está muito impressionado com a maneira como os alunos vêm revelando a alma deles para você. Você os está tratando de maneira diferente?

Francis ficou quieto por um momento.

— Augie — ele falou por fim —, estou apavorado. Não estou com medo de morrer. Poderia morrer amanhã. É a quimioterapia. Estou morrendo de medo da quimioterapia.

Alguns minutos depois, nos separamos e ele se encaminhou para o local onde ia dar a palestra. Soube mais tarde que o padre Francis tinha contado sua história aos alunos. Ele não omitiu nada, e a palestra eletrizou a conferência. Em quase todas as avaliações, os alunos citaram a franqueza e a sinceridade dele como o evento mais marcante de toda a conferência. Só me arrependo de duas coisas: de não ter podido assistir à conferência e de não a termos gravado.

Durante uns dois anos, o sistema imunológico de Francis conseguiu deter a doença, mas com o tempo ele teve que ser internado no Memorial Sloan-Kettering para fazer quimioterapia. Mepkin alugou um pequeno apartamento na mesma rua do hospital para que Francis o usasse entre as sessões de tratamento. No início, havia sido planejado que ele ficaria afastado durante mais ou menos um mês, mas, à medida que os meses foram se arrastando, entrei em contato com o padre Stan e pedi permissão para visitá-lo em Nova York. Francis autorizou minha visita, mas, quando estava prestes a partir para Nova York, soube que ele tinha voltado para Mepkin. Assim, marquei uma hora para vê-lo por intermédio de seu assistente, o padre Kevin, e apressei-me em ir a Mepkin.

Francis me recebeu calorosamente no seu escritório, e estava com boa aparência. Mas, poucos minutos depois, sua cabeça tombou no peito e ele começou a chorar quase convulsivamente. Quando enfim levantou o rosto, falou, gemendo:

— Oh, Augie, eu estava tão mal. Eu estava tão mal. — Abrindo os braços, ele contou: — Eles espetaram mil agulhas em cada um dos meus braços.

Ele me falou da náusea, das noites insones, das violentas dores de cabeça, da diarreia e das crises incessantes de vômito semanas a fio. Ele se tornara próximo de um rapaz que estava na cama ao lado da dele, e o viu morrer devido a infecções às quais seu sistema imunológico debilitado não conseguiu mais resistir.

— Ele parecia bem quase até o final — contou ele —, mas seu sistema imunológico já não existia mais.

Repetidamente, Francis era informado de que tinha entrado em remissão. Era liberado para o seu apartamento, para ficar em observação, mas voltava a ser internado de novo para sessões ainda mais fortes de quimioterapia quando sua febre de repente aumentava muito. E as crises incessantes de vômito então recomeçavam.

Por fim, ele entrou em remissão uma vez mais e foi liberado para o apartamento. Era época de Natal, e ele narrou de maneira comovente como as enfermeiras do Memorial Sloan-Kettering levaram comida e guloseimas natalinas para ele na tentativa de aliviar seu isolamento e solidão. Na véspera de Natal, ele assistiu sozinho à Missa do Galo em uma igreja local, e derramou lágrimas desconsoladas porque sentia uma falta enorme de Mepkin e de seus irmãos.

Todos os dias ele voltava ao hospital como paciente de ambulatório, para que tirassem sua temperatura. Se permanecesse normal durante duas semanas, ele teria permissão para voltar para casa. Todos os dias, tinha que passar por aquele suplício, tentando desesperadamente ler seu destino no olhar da enfermeira que observava o termômetro com os olhos estreitados. Durante oito dias, sua temperatura permaneceu estável, mas no nono dia a expressão no rosto da enfermeira revelou que a febre voltara a subir. Ela tinha que chamar o médico.

— Não, não, não — implorou ele, como um homem que tentasse evitar seu carrasco. — Não o chame ainda. Talvez seja uma anomalia.

Embora fosse contra o procedimento, as enfermeiras ficaram tão tocadas pelos apelos de Francis que o colocaram em uma pequena sala de espera. Ele teria duas horas: se a temperatura voltasse ao normal, seria liberado. Depois de duas horas agonizantes, a temperatura foi medida novamente. Ainda estava elevada. O médico foi chamado, Francis foi internado de novo e outra série de sessões de quimioterapia foi prescrita.

No entanto, bem tarde naquela noite, enquanto estava deitado sem conseguir dormir, Francis ouviu uma voz que dizia:

— Está na hora de ir para casa.

Na manhã seguinte, ele disse ao médico e à equipe que não ia mais fazer o tratamento. Estava na hora de voltar para casa.

Enquanto Francis contava sua história, revivia cada momento agonizante de sua provação, e, quando enfim repetiu: "Estava na hora de voltar para casa", começou novamente a soluçar.

Mas de repente ele se inclinou para a frente.

— Não venha me falar de asceticismo — declarou com intensidade. — Você não pode escolher o asceticismo. Não importa quanto avance no deserto ou quais sacrifícios faça, você sempre tem uma escolha. Você sabe que, se as coisas ficarem muito ruins, sempre pode desistir e tentar outro rumo. Mas o câncer não me deixou escolha a não ser Deus. O que jamais poderia ter imaginado — concluiu ele com suavidade — é que meu câncer seria a resposta para uma vida inteira de oração.

Vários meses depois, dom Francis Kline morreu tranquilamente em casa, cercado pelos seus irmãos. No seu funeral, o governador da Carolina do Sul e outras pessoas importantes falaram a respeito de suas numerosas realizações fora da abadia, no mundo profano, e do profundo efeito que exercera em tantas pessoas, muito além dos muros de clausura de Mepkin. Mas, para mim, a vida do padre Francis transcende suas realizações mundanas. Essas realizações são meramente subprodutos de um homem que heroicamente ousou colocar Deus em primeiro lugar e deixar que tudo o mais cuidasse de si mesmo. Dom Francis praticava o que pregava, confiava no processo e, o que é mais importante, viveu fielmente a vida.

¤

O SEGREDO MAIS IMPORTANTE DO SUCESSO nos negócios da Abadia de Mepkin é a Regra de São Bento. Na principal refeição monástica do meio-dia, o almoço, os monges comem em silêncio enquanto um dos irmãos lê um trecho de um livro escolhido pelo abade. No final dessas leituras, um trecho da Regra em geral é acrescentado para manter os preceitos de São Bento bem proeminentes no coração da comunidade. O aspecto mais essencial e desafiador da jornada do herói é viver a vida, e a Regra é um documento vivo usado para promover, cultivar e inculcar os valores do serviço e do altruísmo no cotidiano do mosteiro.

Todos os aspirantes a monges passam por um longo processo de treinamento chamado *formação*. Eles ingressam como postulantes, tornam-se noviços, fazem os votos simples e, por fim, os votos solenes. Ao longo de todo o processo, o progresso deles é monitorado por um mestre de noviços e pelo abade. A formação de um monge não se limita a sessões de treinamento, discursos inspiradores e retiros fora da sede. A formação é um processo contínuo de *coaching* de colega para colega e aculturação, concebido para tornar os valores incomuns da vida monástica tão habituais a ponto de serem quase instintivos. Apesar da vigilância do mestre de noviços e do abade, o processo de formação é basicamente de baixo para cima. É a cultura profundamente impregnada da Regra de São Bento que faz a maior parte do trabalho pesado da transformação e da autotranscendência, que transborda sobre os negócios monásticos de Mepkin.

Sendo um grande fã de *O Poderoso Chefão* e *O Poderoso Chefão 2*, compartilhei o desapontamento geral com a última parte, *O Poderoso Chefão 3*. No entanto, uma cena do filme é irresistível. Michael Corleone vai ver um cardeal e fica tão emocionado com a bondade do homem que acaba confessando que encomendou o assassinato de seu irmão. Mas o que me impressionou acontece antes da confissão de Michael. O cardeal vai até uma fonte próxima, pega uma pedra e a parte em dois. Ele mostra a Michael que, apesar de estar há muitos anos cercada pela água, a pedra continua completamente seca do lado de dentro. A rocha, diz o cardeal, é como o coração dos homens. Apesar de estar cercada há séculos pelas águas do cristianismo, a humanidade — e até mesmo a Igreja — continua sem ser afetada. Nosso coração ainda está seco.

O padre Christian me disse certa vez que, se eu quisesse "chegar espiritualmente a qualquer lugar", tinha de estar impregnado de são Tomás de Aquino. Mas, embora seu gosto no caso de filósofos possa ser calorosamente debatido, se você quiser "conseguir qualquer coisa" dos monges, precisa estar completamente impregnado pelos valores e princípios que guiam a vida deles. Ler este livro e mil outros como ele terá pouca ou nenhuma utilidade se não se empenhar em viver a vida. É somente por meio do longo e lento processo de viver a vida que as águas vibrantes do espírito permearão nossa cabeça dura como uma pedra, até que enfim consigam chegar a nosso coração. Uma vez mais, só conheceremos realmente o serviço e o altruísmo quando nos identificarmos com eles.

O primeiro passo para viver a vida é assumir um compromisso. Embora, como eu disse, não seja necessário que todos nos tornemos monges, assumir um compromisso corresponde a um homem ingressar no mosteiro, determinado a se tornar um monge. Ele ouviu seu chamado para a jornada do herói, superou sua resistência a esse chamado, e tomou a decisão de voltar as costas para a "antiga vida" e trilhar o caminho menos percorrido em direção à autotranscendência. É bem provável que o noviço já tenha passado anos tentando harmonizar sua vida e aplainar ásperas arestas, e somente agora esteja pronto para admitir que uma transformação mais completa se faz necessária. O movimento dele é semelhante ao do empresário que, apenas depois de gastar, em vão, muito tempo e dinheiro tentando ajustar seu modelo de negócios, enfim enfrenta o fato de que precisa reinventar por completo seu negócio ou, com o tempo, enfrentar a falência.

Seja nos negócios, no casamento, quando queremos ficar em forma, ficar sóbrios ou empreender a jornada do herói, somente o compromisso autêntico de viver a vida conduzirá ao sucesso. Quando eu era um vendedor principiante e vendia copiadoras 3M nos idos de 1975, meu chefe me entregou uma citação de W. H. Murray que, segundo ele me garantiu, era o segredo do sucesso. Já perdi há muito tempo o troféu que ganhei pelas minhas vendas, mas guardei aquele pedaço de papel todos estes anos porque ele reflete primorosamente o que meu mestre zen, Lou Mobley e, mais tarde, os monges tentaram infiltrar em meu coração:

> Enquanto a pessoa não se compromete, há hesitação, a chance de recuar; a ineficácia a respeito de todos os atos de iniciativa e criação sempre está presente. Existe apenas uma única verdade elementar, cuja ignorância destrói incontáveis ideias e planos: no momento em que a pessoa definitivamente se compromete, a providência passa também a se mover. Os mais diferentes tipos de coisas, que caso contrário não teriam ocorrido, acontecem para ajudá-la. Um fluxo de eventos brota da decisão, acionando a favor da pessoa todos os tipos de eventos, reuniões e ajuda material inesperados que ninguém poderia ter imaginado

que iriam acontecer. Adquiri um profundo respeito por um dos dísticos de Goethe. "O que quer que possa fazer ou sonhar que pode fazer, comece. A audácia encerra talento, poder e magia."

Essa citação poderia servir de resumo ao estilo de vida monástico e ao segredo do sucesso dos monges nos negócios. Ela nos encoraja a superar nossos medos, a servir a algo mais elevado e a acreditar que, com audácia, a graça — ou o que Murray chama de "providência" — também entrará em ação. Murray e Goethe abrem até mesmo espaço ao sobrenatural quando falam de uma assistência mágica e de uma ajuda inesperada. Quando rememoro minha vida, o que de melhor já me aconteceu foi um acidente feliz que resultou na minha decisão de empreender a jornada do herói quando ainda estava na faculdade.

Jamais teria conhecido os monges se não tivesse sido por Josh e um tornozelo fraturado. E nunca teria quebrado o tornozelo ou conhecido Josh se não tivesse criado o SKS, e nunca teria ouvido falar no concurso da Templeton ou pensado em escrever a respeito do irmão John, não fossem dois alunos do SKS. E nunca teria criado o SKS e, mais tarde, a RGI se não tivesse me oferecido para dar uma palestra sobre meu mestre zen, e nunca teria... Acho que você me entendeu. Em certo sentido, toda a minha vida tem sido completamente não planejada, mas, em outro, tudo aconteceu de acordo com um plano que era apenas grande demais para que eu conseguisse percebê-lo.

Mencionei no início deste livro que minha carreira literária começou quando ganhei o concurso de artigos O Poder do Propósito, da John Templaton Foundation. Depois que ganhei o concurso, meu irmão mais novo, Chris, contava a história para um colega advogado quando foi o interrompido:

— Está me dizendo que seu irmão nunca escreveu nada na vida, e daí ele escreve um artigo às pressas, em poucos dias, e ganha 100 mil dólares?

Chris assentiu com a cabeça.

— Uau — disse o colega —, seu irmão é realmente um cara de sorte.

— Você não está entendendo — replicou Chris. — Meu irmão escreveu esse artigo há 35 anos.

Se estou dando a impressão de estar me gabando, não é de modo nenhum minha intenção. A principal razão pela qual as pessoas não experimentam a magia que os monges têm a oferecer é que elas acreditam que, embora o serviço e o altruísmo possam funcionar para os santos, monges ou indivíduos talentosos e "sortudos", elas acham que "não funcionarão para mim". Na realidade, é crucialmente importante que eu o convença de que não há nada "melhor", em essência, a meu respeito ou a respeito dos monges que você conheceu neste livro. A única diferença, que é muito modesta, é ter fé suficiente para agir motivado por princípios que rondam a humanidade há milênios, mas que, assim como a pedra do cardeal, nunca parecem encontrar eco na mente. A coisa mais importante a ser extraída deste livro é que, se o processo pode funcionar para mim e os monges, também funcionará para você. Tudo o que você realmente precisa é ter fé suficiente para começar a colocar um pé na frente do outro.

Mas, embora o compromisso com um propósito maior seja o segredo do sucesso, gostaria de adicionar algumas observações finais ao magnífico manifesto de Murray. Intencionalmente ou não, Murray dá a entender que o compromisso é um modelo estático, uma decisão que tomamos de uma vez para sempre em um momento único no tempo. Porém, o compromisso é, na realidade, um modelo dinâmico. Ele pode começar com uma única decisão, mas existe uma enorme diferença entre *assumir* um compromisso e *se tornar* comprometido.

O ingresso em um mosteiro requer compromisso, mas um monge só está comprometido quando fizer os votos finais, muitos anos depois. Assumir um compromisso conduz à ação, a ação conduz à inspiração e a inspiração conduz a um comprometimento cada vez mais profundo, até que um dia acordamos e descobrimos que não estamos mais nos comprometendo, e sim que nos tornamos irrevogavelmente comprometidos. Pense nisso da seguinte maneira. Um casal está mutuamente comprometido quando faz os votos no dia do casamento ou depois de passar pelos altos e baixos de um casamento de vinte anos? Estamos mais comprometidos a permanecer em forma no dia que nos matriculamos na academia ou depois de frequentar a academia durante anos? O compromisso, assim como a jornada do herói, é um processo dinâmico, um interminável ciclo de *feedback* que se aprofunda e se torna mais perfeito com o tempo. O compromisso alimenta-se de si mesmo em um ciclo virtuoso que ascende incessantemente em espiral.

Lamentavelmente, nós, seres humanos, parecemos viciados na ideia de uma abordagem linear, passo a passo, desprovida de toda a confusão que os ciclos de *feedback* trazem em seu rastro. Mas nem mesmo a jornada do herói funciona com suavidade, de maneira linear, passo a passo. Você pode muito bem estar voltando para ajudar outras pessoas no âmbito dos negócios enquanto se encontra simultaneamente perdido no Deserto do seu casamento e passa por grandes privações nas mãos de sua tacada de golfe. A lição mais importante aqui é permanecer, como um monge, eternamente atento. Aplique a lente da jornada do herói a todos os aspectos de sua vida, e isso o ajudará a separar o que é de suprema importância do ruído de fundo e das distrações que toldam seu discernimento. Viver a vida significa permanecer desperto e usar a jornada do herói, o serviço e o altruísmo como maneira de organizar sua vida do dia a dia. Na próxima vez que se sentir oprimido no trabalho, pergunte aos seus botões: "Isto é mesmo ruim, ou só estou passando pelo estágio do Deserto? Minha ansiedade é uma dica para que eu troque de emprego, ou apenas parte essencial da minha formação como monge?".

No entanto, embora o compromisso seja fundamental para viver a vida, existe outro aspecto que é igualmente crucial. Em capítulo anterior, argumentei que a "autoajuda" e a indústria dedicada à sua mitologia é, em grande medida, uma perda de tempo. Poucos de nós temos a perseverança necessária para avançar sozinhos, em especial quando estamos cercados pelo incessante toque de tambor que emana de uma sociedade com metas predominantemente materialistas. Quando estamos sozinhos, a tentação de marchar em sincronia com esse toque de tambor é quase irresistível. Como disse o padre Francis, existe algo essencialmente contracultural a respeito da jornada do herói, e é por isso que os monges dão tanto valor à comunidade, a ponto de fazerem um voto de "estabilidade". Do mesmo modo, o sucesso dos Alcoólicos Anônimos se apoia no oferecimento de uma estrutura de apoio contracultural de assistência mútua que vai bem além das reuniões dos AA.

Se tiver se identificado com o exemplo dos monges, então o compromisso mais importante que pode assumir é encontrar — ou criar — uma comunidade dedicada a colocar os princípios monásticos em prática. Na verdade, com base na minha própria experiência, criar e liderar uma comunidade desse tipo não apenas lhe proporcionará uma maneira de praticar o serviço e o altruísmo no mundo real, como também produzirá muito mais dividendos do que se você for apenas membro de um desses grupos.

⌘

VIVER A VIDA se aplica tanto aos negócios quanto à vida pessoal. O sucesso nos negócios requer a disciplina de aplicar com fidelidade os princípios corretos durante um longo período. Quando eu trabalhava para a MTV, meu chefe, John Shaker, começou a me chamar de dr. Follow Up, e considero isso um dos elogios mais agradáveis que já recebi. Quando fundamos o Raleigh Group International, sempre ouvira dizer que uma empresa se daria bem se conseguisse manter suas dívidas incobráveis na faixa dos 3% a 5% do total de títulos a receber. Em parte porque descendo de uma longa sucessão de avarentos, e em parte como exercício de excelência em favor da excelência, resolvi verificar se conseguiríamos nos sair melhor.

Nossas condições eram que o pagamento tinha que ser efetuado em até trinta dias depois do recebimento da mercadoria, e percebi com rapidez que a maior desculpa para o atraso nos pagamentos era as pessoas dizerem que não tinham recebido a fatura. Para superar essa dificuldade, instituímos a política de obter a confirmação de que nossa fatura eletrônica havia sido recebida poucos dias depois de enviar o produto. Em seguida, nosso representante de contas a receber começava a telefonar ao cliente caso não recebesse o pagamento em trinta dias. Se isso se revelasse ineficaz, quando se passavam sessenta dias, o título a receber era enviado de volta ao representante de vendas, que procuraria receber por intermédio do contato que autorizara a compra. Se isso não funcionasse até setenta dias depois da compra, nosso vice-presidente de vendas intervinha e galgava a cadeia de comando. Por fim, se todas essas medidas fracassassem, o título a receber ia parar na minha mesa.

Toda segunda-feira de manhã eu examinava os títulos a receber com nosso departamento de contabilidade para garantir que cada nível do processo de cobrança havia entrado em operação no momento devido e estava sendo apropriadamente acompanhado. Porém, o mais importante era que meus sócios e eu insistíamos em cobrar os títulos a receber no espírito de serviço e altruísmo.

Quando eu telefonava para um cliente para cobrar, nunca acusava, gritava ou ameaçava. Em vez disso, a primeira coisa que fazia era perguntar ao cliente se ele estava satisfeito com nosso produto, salientando, enquanto fazia isso, que aceitaríamos de bom grado o produto de volta caso tivéssemos de alguma maneira deixado de cumprir o que prometêramos. Somente depois de o cliente ter me dito que estava satisfeito, eu perguntava por que não tínhamos recebido o pagamento. A única pressão que exercia era o sentimento de que não compreendia por que, já que o tínhamos tratado com justiça, ele preferia correr o risco de nos tratar de maneira injusta. Em vez de pedir uma decisão comercial, eu fazia um apelo pessoal de um bom ser humano para outro para que ele "fizesse a coisa certa". Insistíamos em que, em cada passo do processo de cobrança, essa filosofia de tratar os clientes como seres humanos honrados fosse seguida, e os resultados foram quase mágicos. Nos sete anos de atividade e sem jamais fazer uma verificação de crédito, recebemos todos os nossos títulos a receber, com exceção de um deles, e até mesmo nosso solitário baluarte negociou conosco o pagamento em produtos em vez de dinheiro. Não apenas recebemos o dinheiro que nos deviam, como também economizamos incontáveis milhares de dólares que seriam pagos a agências de cobrança e gastos em taxas judiciais, ao mesmo tempo que evitamos a má vontade, o boca a boca negativo e a perda permanente de clientes que essas medidas rígidas invariavelmente trazem em sua trajetória.

Nosso sucesso na cobrança dos títulos a receber pode ser atribuído a viver a vida. Fomos bem-sucedidos devido a uma rigorosa disciplina infundida com o espírito de serviço e altruísmo. Uma rigorosa disciplina significava lidar com os títulos a receber de maneira constante, e não aos trancos e barrancos, que é a maneira que caracteriza tantas empresas ao deixarem seus títulos a receber "saírem de controle". O serviço e o altruísmo significavam agir primeiro e tratar os outros como gostaríamos de ser tratados se a situação estivesse invertida. Certificar-nos por completo de que o cliente estava encantado com nosso produto, e nos oferecer animadamente para compensar a situação, caso não estivesse, era o espírito que motivava essa disciplina.

Do mesmo modo, trata-se do ritmo sistemático e metódico da vida monástica, tão recompensador para os monges, aplicado aos negócios. Não cobrávamos os títulos a receber; vivíamos os títulos a receber, e, assim como no caso dos monges, isso também nos compensou generosamente no longo prazo.

Se quisermos introduzir a magia do serviço e do altruísmo em nossas organizações seculares, precisaremos modificar as experiências cotidianas do local de trabalho. Precisaremos de missões corporativas tão poderosas quanto a de Mepkin em todos os aspectos, e do tipo de cultura de baixo para cima que essa missão vivencia diariamente. Precisaremos criar o próprio processo de formação. Precisaremos de mestres de noviços que compreendam que mudar a cultura é decisivamente importante, e precisaremos fazer com que as flechas da pressão do grupo, geradas por uma comunidade autêntica, apontem na direção da excelência. Sobretudo, precisaremos ter fé para começar, compromisso para continuar, o autoconhecimento que revela quanto precisamos dos outros e a confiança de que tudo sairá como deveria.

♯

DURANTE UM DOS MEUS retiros de Natal em Mepkin, o irmão Benedict foi o leitor designado na refeição monástica do meio-dia, e o livro que lia em voz alta a respeito da comunidade, por determinação do abade, era *O pequeno príncipe*. Certo dia, ele deve ter achado o livro tão comovente, que sua leitura foi constantemente interrompida pelos próprios soluços. A cada vez, contudo, ele conseguia se recompor e continuar a leitura. Depois do breve serviço monástico das nonas que se segue ao almoço e ocorre no refeitório, aproximei-me do irmão Benedict enquanto ele fazia sua adiada e merecida refeição.

— Nossa, Augie — disse ele —, não sei o que deu em mim. Não fosse por Michael Jackson, eu não teria conseguido. Todas as vezes que começava a desmoronar, repetia a mim mesmo: "Michael Jackson, Michael Jackson". Imaginar Michael em suas botas afastava a minha mente do livro apenas pelo tempo suficiente para que eu pudesse terminar o texto.

Na condição de hóspede monástico, tenho o privilégio de viver e trabalhar com os monges e compartilhar a vida deles. A única exceção é que os hóspedes monásticos são, compreensivelmente, excluídos das reuniões, ou "capítulos", em que a comunidade discute assuntos mais reservados. Um desses capítulos reservados se deu no Ano-Novo, e, alguns dias depois da leitura de irmão Benedict, o padre Francis, inesperadamente, me convidou para comparecer. A reunião foi realizada na sala de leitura, abastecida à vontade com jornais e revistas, contígua à enfermaria. Foi formado um círculo com as cadeiras, e, quando entrei, Francis fez um sinal para que me sentasse do seu lado direito.

Uma caixa enorme de chocolates Godiva, presente de Natal de um dos participantes agradecidos de um dos retiros, magicamente apareceu e foi passada ao redor da sala. Em seguida, Francis, começando pela esquerda, pediu a cada monge que comentasse a respeito dos eventos do ano que tinha passado e de suas esperanças para o ano vindouro. Depois que todos tinham falado, a única pessoa que restava era eu. O padre Francis se virou para mim com um grande sorriso e disse:

— E então, o que tem a dizer, irmão Augie?

Fiquei tão explicitamente comovido com o gesto inesperado de aceitação, que a comunidade inteira começou a rir. Não sabia o que falar, e a única coisa de que me lembro é ter olhado para o irmão Benedict e sibilado:

— Michael Jackson, Michael Jackson.

Sou imensamente grato por todas as bênçãos que recebi na minha vida, mas nenhuma delas significa mais para mim do que ter sido chamado de irmão Augie por dom Francis naquela ocasião, no meio de todos os meus heróis. Senti-me como se, após uma longa e angustiante jornada, eu enfim houvesse chegado em casa são e salvo.

Próximos Lançamentos

Para receber informações sobre os lançamentos da
Editora Cultrix, basta cadastrar-se
no site: www.editoracultrix.com.br

Para enviar seus comentários sobre este livro,
visite o site www.editoracultrix.com.br ou
mande um e-mail para atendimento@editoracultrix.com.br